TABLEAU

DES RAPPORTS RÉELS

DES CHANGES

DE TOUTES LES PLACES CONSIDÉRABLES

DE L'EUROPE ET AUTRES,

TELS QU'ILS SE TROUVENT A PRÉSENT;

SUIVI

D'UNE TABLE DES DIFFÉRENTES MONNAIES ÉTRANGÈRES,

Avec leurs poids, leurs titres, et leurs valeurs intrinsèques;

RÉDIGÉ EN 1822

PAR F. HÉBLER,

Professeur à l'École spéciale de Commerce, à Paris.

PARIS,

BELIER ET HUZARD, SUCCESSEURS DE MME V^E COURCIER,

PRÈS, RUE DU JARDINET-SAINT-ANDRÉ-DES-ARCS,

1822.

Pour concevoir très-nettement ce que nous venons de dire, il faudra se représenter la droite de l'espace perpendiculairement vis-à-vis de sa projection verticale, ou dans le plan projetant mené par cette projection, et dont la trace sur XAZ est N'R''', et cette même droite verticalement au-dessus de sa projection verticale N''R' qu'elle perce en R', pour passer verticalement au-dessous du prolongement R'R''.

Mais la droite peut rencontrer d'abord la partie supérieure du plan vertical, puis celle du plan horizontal, qui est au-delà, ou derrière : la construction qui donne ces deux points, ne différera pas de la précédente, si l'on suppose que le plan vertical devienne horizontal, et réciproquement. Le cours de ces deux projections indiquera toujours celle de ces deux circonstances qui a lieu.

Les caractères auxquels on reconnaît qu'une droite de l'espace est horizontale ou verticale parallèle à l'un des deux autres plans coordonnés, se déduiront aisément de la notion de projection. On verra sans peine que, dans le premier cas, les projections verticales de la droite sont parallèles aux axes AX et AY; et que sa projection horizontale est égale à la droite de l'espace; que, dans le second, la projection horizontale est un point, tandis que les deux projections verticales sont perpendiculaires aux axes AX et AY, et égales à la droite de l'espace. On conclura encore de la définition de projection, que deux droites parallèles dans l'espace ont leurs projections sur le même plan, parallèles l'une à l'autre : en effet, les intersections des deux plans projetans parallèles par le plan de projection, sont des lignes parallèles. Mais ce qu'il est essentiel d'observer, c'est que si deux points donnés dans deux plans coordonnés, dont l'un soit rabattu dans le prolongement de l'autre, ne sont pas sur une perpendiculaire à l'intersection de ces deux plans; ils ne peuvent être les projections sur ces plans d'un même point de l'espace.

Problème LXXII. *Étant données les projections d'un point de l'espace sur deux des trois plans rectangulaires, en déduire*

TABLEAU

DES

RAPPORTS RÉELS DES CHANGES

DE TOUTES LES PLACES CONSIDÉRABLES

DE L'EUROPE ET AUTRES,

TELS QU'ILS SE TROUVENT A PRÉSENT.

DE L'IMPRIMERIE DE HUZARD-COURCIER,

RUE DU JARDINET-SAINT-ANDRÉ-DES-ARCS.

TABLEAU

DES

RAPPORTS RÉELS DES CHANGES

DE TOUTES LES PLACES CONSIDÉRABLES

DE L'EUROPE ET AUTRES,

TELS QU'ILS SE TROUVENT A PRÉSENT,

Suivi d'une Table des différentes monnaies étrangères, avec leurs poids, leurs titres, et leurs valeurs intrinsèques;

RÉDIGÉ EN 1822,

Par F. HÉBLER,

PROFESSEUR A L'ÉCOLE SPÉCIALE DE COMMERCE, A PARIS.

PARIS,

Chez BACHELIER et HUZARD, Successeurs de Mme Ve Courcier,

RUE DU JARDINET-SAINT-ANDRÉ-DES-ARCS.

1822.

A MONSIEUR BRODART,

Directeur de l'École spéciale de Commerce à Paris.

Monsieur,

Animé comme tous les Professeurs de l'*Ecole de Commerce*, du désir de contribuer au perfectionnement d'un établissement si utile, et qui doit déjà tant à vos soins vraiment paternels, j'ai cru concourir à ce but si louable, en composant l'Ouvrage que j'ai l'honneur de vous présenter.

Cet Ouvrage est le fruit de longues et pénibles recherches : s'il obtient votre approbation, s'il peut faciliter les progrès de mes Elèves, et me donner ainsi de nouveaux droits à leur estime, j'aurai réussi au gré de mes désirs, et je croirai mon travail récompensé.

Recevez, Monsieur le Directeur, l'assurance de la haute considération avec laquelle j'ai l'honneur d'être,

Votre très humble et dévoué serviteur,

F. HEBLER,

Professeur à l'Ecole de Commerce.

Paris, ce 30 avril 1822.

Tout Exemplaire qui ne serait pas signé, comme ci-dessous, par l'Auteur, sera contrefait. Les mesures seront prises pour atteindre, conformément à la loi, les fabricateurs et les débitans.

F. Hœbler

Pour l'utilité générale, l'Auteur recevra avec reconnaissance tout avis bienveillant tendant à perfectionner ou à compléter ces Tableaux, de quelque lieu et à quelque époque que cela puisse être.

PRÉFACE.

Il existe un grand nombre de *Tableaux* qui présentent les rapports des changes ; mais, jusqu'à ce jour, je n'en ai vu aucun qui puisse satisfaire aux besoins d'un commerçant dont les relations sont étendues.

Le plus souvent ces Tableaux font partie d'un traité sur les changes ; mais ils sont tellement incomplets, que leur usage se réduit à fort peu de chose.

Il en est qui sont devenus absolument inutiles par les changemens multipliés que le système monétaire de différens pays a éprouvés ; d'autres enfin, n'étant que de simples copies, non-seulement n'apprennent rien de nouveau, mais, en renouvelant d'anciennes erreurs, ils sont plus propres à égarer qu'à servir de guide.

Ces considérations m'avaient déterminé depuis plusieurs années à recueillir moi-même les élémens nécessaires à la confection de Tableaux plus étendus et plus parfaits. J'en avais d'ailleurs besoin pour un ouvrage que j'ai composé sur toutes les opérations des

changes, et qui me sert de base dans mon enseigne-
ment.

Parvenu au point désiré, je m'empresse d'en publier
le résultat, et j'ose croire que le commerce ne recevra
pas indifféremment un auxiliaire indispensable , et
d'autant moins susceptible d'éprouver des changemens,
que le temps des innovations, sous ce rapport, paraît
aussi avoir atteint son terme.

Pour rendre l'Ouvrage plus substantiel et vraiment
utile, je n'y ai mis que ce qui est absolument nécessaire ; et pour fixer les idées sur les rapports qu'ont
entre elles les monnaies des différens pays, j'ai ajouté
une table des différentes monnaies étrangères, avec
leurs poids en grammes, leurs titres en millièmes, et
leurs valeurs intrinsèques en argent de France, telle
qu'elle se trouve dans l'Annuaire du Bureau des Lon-
gitudes : il eût été difficile de puiser à une meilleure
source.

Si l'on accueille cet Essai, je pourrai me déterminer
plus tard à publier mon Arithmétique et mes Opérations
sur les Changes, qui sont l'une et l'autre le fruit d'une
longue pratique et d'une théorie approfondie , au
moyen desquelles j'ose me flatter d'avoir réuni dans
ces ouvrages la concision, la simplicité et la clarté.

Pour en donner une idée superficielle, il suffit de
dire, en passant, que mon Traité sur les Changes con-

tient tous les cas possibles qui puissent se présenter dans la banque ; que tout le mécanisme du calcul des arbitrages est réduit à une simple addition , et que, par ce moyen, un banquier peut, en quelque pays qu'il se trouve, faire ses combinaisons à l'aide d'un simple carnet, avec la même facilité qu'il les ferait dans son cabinet à tête reposée, et en bien moins de temps qu'en suivant les moyens préexistans, et par conséquent avec plus de sûreté.

Pour obtenir des résultats aussi précieux, j'ai été obligé d'étendre mon Arithmétique, en y comprenant quelques notions sur les équations du premier degré, afin de fixer avec plus de précision les idées sur le mécanisme des formules.

Je fais connaître la théorie des progressions et des logarithmes, ces derniers ne présentant nulle part une application plus heureuse ni plus facile que dans les calculs d'arbitrages , où les résultats approximatifs étant toujours connus d'avance, il est permis de faire complètement abstraction des caractéristiques.

J'y présente, d'une manière tout-à-fait nouvelle, la théorie des règles conjointes, dont je suis parvenu à assurer la position par des règles fixes, qui conduisent aux plus heureux résultats , en ramenant à la plus grande clarté tous les cas qui, dans les opérations des changes , ont constamment présenté des difficultés par la diversité des opérations et des conclusions qu'exigent les cas opposés des prix certains ou incertains.

Enfin, je finis mon Arithmétique par la théorie des intérêts composés, dont je présente tous les cas susceptibles d'être résolus à l'aide des moyens arithmétiques qui la précèdent. J'ai pensé que cet objet, intéressant sous tous les rapports, et d'autant plus nécessaire, que les applications en sont différentes, devait absolument être ajouté aux connaissances d'un négociant de nos jours.

Cet Ouvrage, qui sera composé de 2 volumes, l'un pour l'Arithmétique et l'autre pour les Changes, paraîtra par souscription, à la fin de cette année, et formera deux livraisons, chacune du prix de 5 francs. En conséquence, les Libraires qui sont chargés de la vente de ces *Tableaux* recevront, dès-à-présent, les souscriptions, dont le prix ne sera payable qu'à la remise de chaque livraison.

Paris, ce 30 avril 1822.

TABLEAUX

DES

RAPPORTS RÉELS DES CHANGES

DE TOUTES LES PLACES CONSIDÉRABLES

DE L'EUROPE ET AUTRES,

TELS QU'ILS SE TROUVENT A PRÉSENT.

1.° ALICANTE,

Ville et port du royaume de Valence en Espagne.
(*Voyez* ESPAGNE.)

2.° ALTONA,

Ville du duché du Holstein, situé sur l'Elbe.

Compte et change comme Hambourg.
(*Voyez* HAMBOURG.)

3.° AMSTERDAM.

On y compte par

Liv fla- mand.	Reichs- thalers.	Florins.	Escalins.	Sols de Florins.	Deniers de Gros.	Deniers de Sols.
1	$2\frac{2}{3}$	6	20	120	240	1920
	1	$2\frac{1}{2}$	$8\frac{1}{3}$	50	100	800
		1	$3\frac{1}{3}$	20	40	320
			1	6	12	96
				1	2	16
					1	8

Cours des Changes.

DONNE		REÇOIT
f. 100 courant.... ± pour		*f.* 100 de change, à Anvers.
36 sols courant. ±		*f.* 1 ½ courant, à Auguste.
36 sols courant. ±		1 reichsth^r de change, à Francfort-sur-Mein.
90 den. de gros. ±		1 piastre hors de banque, à Gênes.
35 sols courant. ±		2 marcs de banque, à Hambourg.
52 den. de gros. ±		400 rées, à Lisbonne et autres places du Portugal.
97 den. de gros. ±		1 piastre de 8 réaux en or, à Livourne.
37 escalins.... ±		1 livre sterling, à Londres.
104 den. de gros. ±		1 ducat de change de 375 maravédis, à Madrid et autres places d'Espagne.
83 den. de gros. ±		1 ducat del regno, à Naples.
57 den. de gros. ±		3 fr., à Paris et autres places de la France.
56 sols courant ±		1 ¼ florins effectifs, à Vienne.

Usances.

L'usance est de trente jours de date.

Il n'y a point de jours de grâce ; si l'échéance d'un effet tombe sur un jour férié, il doit être payé ou protesté la veille.

Il y avait autrefois une banque nationale, qui est supprimée.

4° SAINT-ANDER. (*Voyez* Espagne.)

5° ANCONE,

Ville et port des Etats du Pape.

On y compte par écu de Rome de 10 paoli ou 100 bajocchi.

Cours des Changes.

DONNE			REÇOIT
37 bajocchi....	±	pour	1 florin courant, à Amsterdam.
46 bajocchi....	±	......	1 florin courant, à Auguste.
100 écus romains	±	......	500 liv. de banque, à Bologne.
15 bajocchi....	±	......	1 liv. florent.°, à Florence.
15 bajocchi.....	±	......	1 liv. hors de banque, à Gênes.
33 bajocchi....	±	......	1 marc de banque, à Hambourg.
92	±	......	1 piastre de 8 réaux en or, à Livourne.
423	±	......	1 liv. sterling, à Londres.
14	±	......	1 liv. courante, à Milan.
79	±	......	1 ducat del regno, à Naples.
18	±	......	1 franc, à Paris.
100	±	......	1 écu, à Rome.
46	±	......	1 florin courant, à Trieste.
18	±	......	1 liv. ital., à Venise.
46	±	......	1 florin effectif, à Vienne.

L'usance est de 40 jours de date pour les effets tirés de France, et de 15 jours pour ceux d'Italie.

Il n'y a pas de jours de grâce.

6° ANVERS, BRUXELLES, GAND,

Et autres villes du Brabant et de la Flandre.

Les monnaies et leurs divisions, à quelques exceptions près, sont celles d'Amsterdam ; cependant, on y distingue deux sortes de valeurs, celle de change et la courante.

Six en valeur de change font sept en valeur courante.

Tous les changes s'établissent en valeur de change.

DONNENT		REÇOIVENT
100 fl. de change. $\pm$ pour		100 fl. courant, à Amsterdam.
100 fr. de France. $\pm$		100 francs, à Paris, en comptant 400 francs de France pour 189 florins de change.

Les changes sur toutes les autres places sont les mêmes qu'à Amsterdam.

On y a maintenu le Code français.

7° AUGUSTE (Bavière).

On y compte par

	Reichsthalers	Florins.	Kreutzers.	Pfenning.
dont	1	1 ½	90	360
		1	60	240
			1	4

Il y a trois valeurs différentes : la valeur courante, la valeur d'Empire et la valeur de change.

100 en val. cour. font 120 en val. d'Empire (dite monnaie) et 100 ..... cour. .... 77 ¾ ...... de change.

Cours des Changes.

DONNE		REÇOIT

107 reichsth^{rs} de ch. ± pour 250 flor., à Amsterdam.

100 fl. courant,.... ± .... 120 fl. d'Empire, à Franc-fort-sur-Mein, en comptant 110 fl. d'Empire, à Auguste, pour 92 fl. de change, à Francfort, fixe.

1 fl. courant......... pour ± 62 sols hors de banque, à Gênes.

114 reichsth^{rs} de ch. ± pour 300 marcs de banque, à Hambourg.

100 reichsth^{rs} cour. ± .... 100 reichsth^{rs} de change, à Leipzig et Nuremberg.

1 fl. courant.... pour ± 57 sold. mon. buqna, à Livourne.

fl. 9, 10 kreutz cour. ± pour 1 liv. sterling, à Londres.

1 fl. courant........ pour ± 67 sols courant, à Milan.

116 fl. courant..... ± pour 300 fr., à Paris, Lyon, etc.

98 fl. courant.... ± .... 500 liv. piccoli, à Venise, en comptant 40500^{tt} piccoli pour 20723^{tt} ital.

100 fl. courant.... ± pour 100 fl. effectifs, à Vienne.

L'usance est de 15 jours de vue, la demi-usance de 8 jours, et 1 ⅓ usance de 23 jours. Les acceptations n'ont lieu que 15 jours avant l'échéance. Tous les paiemens se font les mercredis; mais un effet échu le mercredi même, ne se paie que le mercredi suivant.

8° BARCELONE (CATALOGNE). *Voyez* ESPAGNE.

9° BALE.

Tient les écritures en florins de différentes espèces, ou en livres de Suisse. Les florins se subdivisent en 60 kreutzers; la livre de Suisse ou 20 sols à 12 deniers, ou en 10 batz à 10 rappes, ou en 100 centimes.

l. 27 de Suisse font 40 francs de France.
l. 2............ 3 livres tournois.
l. 1 ½....... ou 15 batz, font 1 florin du pays.

Cours des Changes.

DONNE		REÇOIT
l. 143 de Suisse..	± pour	100 florins courant, à Amsterdam.
l. 174..........	±	100 florins courant, à Auguste.
l. 100 de Suisse..	± pour	100^{tt} de Suisse, à Berne, Lausanne et autres places de la Suisse.
l. 100..........	±	100, a Francfort-sur-Mein, en comparant 40^{tt} de Suisse à 23 florins de change, ou 16^{tt}......... à 11 florins d'Empire, ou 60^{tt}........ à 23 reichsthalers de change.
l. 100 de Suisse..	± pour	100^{tt} de Suisse, à St.-Gall, en comparant 16^{tt} de Suisse à 11 fl. d'Empire.
64 sols de Suisse	± pour	1 piastre de 5 ¾^{tt} hors de banque, à Gênes.
l. 100 de Suisse..	±	100^{tt} de Suisse, à Genève, en comparant 640^{tt} de Suisse à 581^{tt} courant de Genève.
l. 126 de Suisse..	± pour	100 marcs de banque, à Hambourg.
l. 13^{tt} 1^{s} 6^{d}.....	±	5 reichsth^{rs} de change, à Leipzig.
69 sols de Suisse	±	1 piastre de 8 réaux en or, à Livourne.
l. 16 de Suisse...	±	1 livre sterling, à Londres.
l. 52..........	±	100 liv. courant, à Milan.
l. 100.........	±	100^{tt} de Suisse, à Neuchâtel., en comparant 2^{tt} de Suisse à l. 3 tournois.
100 fr. de France.	± pour	100 fr.. à Paris et autres places de France, en comparant 27^{tt} de Suisse à 40 fr. de France.

Cours des Changes (Suite).

DONNE		REÇOIT

l. 174 de Suisse.. ± pour 100 fl. effectifs, à Vienne.

l. 100 de Suisse.. ± pour 100ᵗᵗ de Suisse , à Zurich, en comparant 8ᵗᵗ de Suisse à 5 fl. de Zurich.

Il n'y a pas d'usances ni de jours de grâce. Un effet échéant un jour férié, doit être payé ou protesté la veille.

10° BAYONNE. (*Voyez* FRANCE.)

11° BERGAME (LOMBARDIE). *Voyez* VENISE.

12° BERLIN. (*Capitale du royaume de* PRUSSE.)

On compte par reichsthalers de 24 grosches à 12 pfennings, ou par livre de Banque, qui vaut constamment 31 $\frac{1}{2}$ grosches courant. Toutes les affaires de commerce se font en argent courant.

Cours des Changes.

DONNE		REÇOIT
143 reichsthʳˢ cour..	± pour	250 fl. à Amsterdam.
104	±	150 fl. courant , à Auguste, Prague et Vienne.
100	±	100 reichsthʳˢ cour., à Bresslau et autres places du royaume.
104	±	100 reichsthʳˢ de change , à Francfort-sur-Mein.
151	±	300 marcs de banque , à Hambourg.
104	±	100 reichsthʳˢ de ch., à Leipzig.

Cours des Changes (Suite)

DONNE		REÇOIT
6 reichsth^{rs} 9 grosch. cour.	± pour	1$^\text{lb}$ sterling, à Londres.
81 reichsth^{rs} courant...	±	300 fr., à Paris, Lyon, etc.
35	±	100 roubles en assignats, à Pétersbourg.

L'usance est de 14 jours à dater de l'acceptation. Il y a trois jours de grâce pour tout effet ayant plus de sept jours à courir ; et si une échéance tombe sur un jour férié légal, soit pour les chrétiens ou pour les juifs, le paiement doit être fait le jour suivant.

13° BERNE. (*Voyez* BALE.)

14° BILBAO. (*Voyez* ESPAGNE.)

15° BOLOGNE (ETATS DU PAPE).

On compte par livres de 20 sous à 12 deniers. L'écu de Rome y vaut *l.* 5 , ou 100 bajocchi.

Les affaires de banque se font en valeur de banque, à moins que le contraire ne soit expressément réservé. Cette valeur diffère de $2\frac{1}{2}$ p. $\frac{o}{o}$ de la valeur courante ; il faut $102\frac{1}{2}$ liv. courantes pour 100 liv. de banque.

On y distingue de plus la nouvelle valeur italienne, dont 290122 liv. ital. font 270000 liv. courantes.

Cours des Changes.

DONNE		REÇOIT
38 bajocchi.......	± pour	1 florin, à Amsterdam.
100 écus de Rome.	±	100 écus de Rome, à Ancone.

Cours des Changes (Suite).

DONNE		REÇOIT
46 bajocchi......	± pour	1 fl. cour., à Auguste et Vienne.
99	±	1 francescone de 6⅔# mon. buona, à Florence.
89	±	6# hors de Banque, à Gênes.
33	±	1 marc de banque, à Hambourg.
92	±	1 piastre de 8 réaux en or, à Livourne.
23# ital........	±	1 liv. sterling, à Londres.
98#	±	100# ital., à Milan.
79 bajocchi......	±	1 ducat del regno, à Naples.
98# ital........	±	100 fr., à Paris, Lyon, Marseille, etc.
100 bajocchi......	±	1 écu de Rome, à Rome.
98# ital.........	±	100# ital., à Venise.

L'usance, pour toutes les traites tirées de France ou des Pays-Bas, est de 2 mois de date, et de 3 mois pour celles tirées d'Angleterre.

Il n'y a point de jours de grâce.

16° BORDEAUX. (*Voyez* FRANCE.)

17° BRAUNSCHWEIG. (*Voyez* LEIPZIG.)

18° BRÈME.

On y compte par reichsthalers de 72 groots à 5 schwars. Les paiemens se font en louis d'or vieux à 5 reichsthalers fixes.

Cours des Changes.

DONNE		REÇOIT
127 reichsth^{rs} en or.	± pour	250 florins, à Amsterdam.
100	±	107 reichsth^{rs} courant, à Auguste et Vienne.

Cours des Changes (Suite).

DONNE		REÇOIT
100 reichsth^{rs} en or.... pour ±		112 reichsth^{rs} cour., à Berlin.
100 .... ±		107 reichsth^{rs} de change , à Francfort-sur-Mein.
138 .... ± pour		300 marcs de banque, à Hambourg.
100 .... pour ±		107 reichsth^{rs} de change, à Leipzig.
607 .... ± pour		100 liv. sterlings, à Londres.
17 groots........ ±		1 franc, à Paris et toute la France.

L'usance est de 30 jours de date pour les effets tirés d'Angleterre, et de 14 jours de vue pour les traites des villes d'Allemagne.

Il y a deux jours fixés pour les paiemens de chaque semaine, qui sont les mercredis et les samedis. Tout effet se paie au premier jour de paiement qui suit son échéance.

19° BRÉSIL. (*Voyez* Lisbonne.)

20° BRESLAW (Silésie).

On y compte par reichsthalers de 30 grosches d'argent à 12 deniers.

Le reichsthaler équivaut à 1 ½ florin d'Empire, 90 kreutzers, ou 24 grosches de Berlin.

Les cours des changes sont les mêmes qu'à Berlin, avec cette seule différence, que les grosches ajoutés aux reichsthalers dans le change sur Londres, sont des trentièmes, tandis que ce sont des 24e à Berlin.

L'usance est de 14 jours de vue, et il y a 3 jours de grâce pour tout effet qui n'est pas payable en foire.

21° BRODY (Russie).

On y compte par rouble à 100 copecks. Tous les paiemens se font en argent.

Cours des Changes.

DONNE		REÇOIT
122 roubles....	± pour	250 florins , à Amsterdam.
60	±	100 florins cour. } à Auguste et
ou 100 copecks ...	±	100 kreutzers } Vienne.
85 roubles....	±	100 reichsth^rs courant , à Berlin et Bresslaw.
19 copecks...	±	1^fr hors de banque, à Gênes.
130 roubles....	±	300 marcs de banque, à Hambourg.
90	±	100 reichsth^rs de ch., à Léipzic.
120 copecks...	±	1 piastre de 8 réaux en or, à Livourne.
6,16 roubles....	±	1^fr sterling, à Londres.
69	±	300 francs , à Paris, etc.
30	±	100 roubles en assignats, à Pétersbourg.

Pour les usances et autres coutumes, *voyez* PÉTERS-BOURG.

22° CADIX. (*Voyez* Espagne.)

23° CARLSRUHE (Grand-Duché de Baden).

On y compte par florins d'Empire à 60 kreutzers.

Les affaires de banque se règlent d'après les changes de Francfort-sur-Mein et de Strasbourg.

24° CHRISTIANIA (Norwège).

Compte et change comme Copenhague.

25° COLOGNE.

On y compte par spéciesthalers de 80 albus à 12 hellers ; mais les changes sont établis en francs de France.

La pièce de 20 fr. y vaut	20 fr.	
Le louis neuf.........	23,54	
Le frédéric d'or.......	20,55	avec plus ou moins
Les ducats..........	11,72	d'agio ou de perte.
L'écu de Prusse.......	3,78	
L'écu neuf...........	5,80	

La pièce de 5 francs de France, en vertu d'un décret de 1816, n'est reçue que pour $1^{ix}7$ 6^{pf} courant de Prusse dans les caisses publiques ; ce taux la porte à fl. $2\frac{1}{4}$ d'Empire, tandis qu'elle devrait valoir fl. $2,19\frac{1}{4}^{x}$.

Cours des Changes.

DONNE		REÇOIT
210 francs..	± pour	100 florins, à Amsterdam.
99	±	100 francs,, à Anvers, Bruxelles, etc.
255	±	100 fl. cour., à Auguste et Vienne.
372	±	100 reichsth^{rs} courant, à Berlin.
412	±	100 reichsth^{rs}, à Brême.
213	±	100 fl. d'Empire, à Francfort-sur-Mein.
187	±	100 marcs de banque, à Hambourg.
24	±	1 liv. sterling, à Londres.

L'usance était autrefois de 14 jours de vue, et il y avait 6 jours de grâce; mais ces coutumes se trouvent abolies par le Code français, qui y a été introduit et maintenu jusqu'à ce jour.

26° CONSTANTINOPLE (Turquie).

On y compte par piastres de 40 paras à 3 aspres courant, ou par piastres à 100 bons aspres.

Cours des Changes.

DONNE		RÉÇOIT
107 paras.... $\pm$ pour		1 florin, à Amsterdam.
130 .... $\pm$		1 fl. cour., à Auguste, Trieste et Vienne.
36 .... $\pm$		1# hors de banque, à Gênes.
230 .... $\pm$		1 piastre de 8 réaux en or, à Livourne.
30 piastres.. $\pm$		1# sterling, à Londres
107 paras.... $\pm$		1 écu de 12 tarins, à Malte.
1 piastre...... pour $\pm$		15 sols de France, à Paris, Marseille, etc.
1 .... $\pm$		61 copecks en assignats, à Pétersbourg.
103 .... $\pm$ pour		100 piastr., à Salonique et Smyrne.

Il n'y a aucune loi relative aux affaires de la banque.

27° COPENHAGUE (Danemarck).

On compte par reichsthalers de 6 marcs danois à 16 schellings, ce qui fait 96 schellings courant pour un reichsthaler.

Cours des Changes.

DONNE		REÇOIT
232 reichsth^{rs} cour ..	± pour	250 florins, à Amsterdam.
247	±	300 marcs de banque, à Hambourg.
10 reichsth^{rs} 48 schél.	±	1^{tt} sterling, à Londres.
42 schellings.......	±	1 franc, à Paris.

Il n'y a pas d'usances; les traites à vue se paient ou se protestent de suite; celles de toutes autres échéances jouissent de 8 jours de grâce, parmi lesquels on ne compte pas le jour de l'acceptation, ni celui du paiement.

28° DANTZIK (Prusse).

On compte par florins de 30 grosches à 18 deniers.

3 florins équivalent à 1 reichsthaler courant de Berlin.

Cours des Changes.

DONNE		REÇOIT
359 grosches......	± pour	6 florins, à Amsterdam.
100 reichsth^{rs} cour.	±	100 reichst^{rs} cour., à Berlin.
136 grosches......	±	3 marcs de banque, à Hambourg.
19 florins........	±	1^{tt} sterling, à Londres.
31 grosches......	±	1 rouble en assignats, à Pétersbourg.

L'usance est de 14 jours de vue. Les traites tirées à moins de 14 jours de vue, jouissent de 3 jours de grâce, celles à plus longues échéances en ont 10, et celles à vue n'èn ont aucun. Si l'échéance tombe sur un jour férié, on exige le paiement ou proteste la veille.

29° DRESDE (Saxe).

On y compte et change comme à Léipzic, et les mêmes usages y ont lieu. (*Voyez* Léipzic.)

30° DUSSELDORF (Duché de Berg, Prusse).

On compte par thalers de 60 stubers à 16 deniers.

Le thaler équivaut à $1\frac{1}{2}$ florin d'Empire, ou à 90 kreutzers; et $7\frac{1}{3}$ thalers font un louis neuf.

Dans les paiemèns du commerce et pour affaires de changes, on reçoit les écus neufs à 111, et les écus de Brabant à 108 stubers.

Cours des Changes.

DONNE		REÇOIT
164 reichsthalers...	± pour	250 florins, à Amsterdam.
119	±	150 florins cour., à Auguste et Vienne.
128	±	100 reichsth[rs], à Brême.
101	±	100 reichsth[rs] d'Empire, à Francfort-sur-Mein.
174	±	300 marcs de banque, à Hambourg.
7	±	1[lt] sterling, à Londres.
96	±	300 francs, à Paris, etc.

L'usance est de 14 jours de vue.

Il y a 3 jours de grâce; mais le dernier tombant sur un jour férié, on paie ou proteste la veille.

31° ELBERFELD,

Ville manufacturière de Prusse.

On compte, change et observe les mêmes coutumes comme à Dusseldorf.

32° ETATS-UNIS D'AMÉRIQUE.

On compte par dollars à 100 cents.

Les piastres d'Espagne y valent $\pm$ 101$\frac{1}{2}$ cents.

Cours des Changes,

DONNENT		REÇOIVENT
39 cents....	$\pm$ pour	1 florin, à Amsterdam.
35	$\pm$	1 marc de banque, à Hambourg.
97	$\pm$	1 piastre de 8 réaux en or, à Livourne.
440 ....,	$\pm$,....	1^{tt} sterling
ou 100	$\pm$	100^{tt} sterl. } à Londres.
en compar^t 1 dollard à 4$\frac{1}{2}$ sch. fixe		
75 cents....	$\pm$ pour	1 piastre de change de 272 maravédis, en Espagne.
100 dollars......	pour $\pm$	533 francs, à Paris.

33° ESPAGNE.

On y compte par réaux de 34 maravédis de Plata antiguas ou de 16 quartos ; c'est l'usage particulier des places de Cadix, Madrid et Séville.

En réaux de 34 maravédis de Vellon ; c'est l'usage de Bilbao, St.-Sébastien et de Malaga.

En livres de 8 réaux de Plata vieille, ou de 10 réaux

de Plata nouvelle , qu'on subdivise en 20 sols de 12 deniers ; c'est l'usage d'Alicante et de Valence.

En livres de Catalogne de 6 ⅔ réaux de Plata, ou de 10 réaux ardites, qu'on subdivise en 20 sols de 12 deniers ; c'est l'usage de Barcelone.

En livres de 10 grosos à 6 maravédis de Plata, ou en réaux de 36 maravédis de Plata ; c'est l'usage de Pampelune.

Le rapport des deux valeurs de Plata et de Vellon est fixé à 17 réaux de Plata vieille pour 32 réaux de Vellon ; ceci est général, à l'exception de Malaga, où l'on compte 8 réaux de Plata vieille pour 15 réaux de Vellon.

La doppia ou pistole d'or vaut 5 piastres de change, ou 1360 maravédis de Plata, ou 7 livres de Catalogne.

Le doublon ou pistole de change vaut 4 piastres de change, ou 1088 maravédis de Plata, ou 5 ⅘ livres de Catalogne.

Le ducado ou ducat de change vaut 375 maravédis de Plata, ou 1 liv. 18 s. 7 d. ¼ de Catalogne.

Le peso ou piastre de change vaut 8 réaux ou 272 maravédis de Plata, ou 1 l. 8 s. de Catalogne.

Cours des Changes.

DONNE	REÇOIT
1 ducat de change......	pour ± 96 deniers de gros, à Amsterdam.

Cours des Changes (Suite).

DONNE		REÇOIT	
1 pistole d'or..............	pour ±	24ᵗ hors de banq,	à Gênes.
652 maravédis........ ±	pour	1 scudo d'oro di marca,	
128 pesos............ ±	....	100 piastres hors de banque,	
1 ducat de change......	pour ±	94 den. de gros de banque,	à Ham- bourg.
7 réaux de Vellon. .. ±	pour	1 marc de b.,	
1 pistole de change.....	pour ±	2400 rées,	à Lisbonne.
1 piastre de change.........	±	600 rées,	
128 .... ±	pour	100 piastres de 8 réaux en or, à Livourne.	
1	pour ±	38 den. sterl., à Londres.	
1 pistole de change	±	16 francs, à Paris, Mar-	
1 piastre de change.........	±	80 s. de fr., seille, etc.	

Les places d'Espagne changent entre elles à 100 ±
pour 100 en réduisant leurs valeurs respectives d'après
les rapports donnés ci-dessus.

L'usance y est différente selon les places dont pro-
viennent les traites; celle pour les traites de France
est de 60 jours de date.

Il y a 6 jours de grâce à Cadix; 14 jours de grâce
dans les autres places d'Espagne pour tout effet tiré de
l'étranger, et seulement 8 jours de grâce pour les effets
de l'Espagne même; mais les effets non acceptés n'en
jouissent pas.

34° FLORENCE (Grand Duché de Toscane).

On y compte par livre de 20 sols à 12 deniers, comme à Livourne, mais en valeur d'argent.

Le pezza ou piastre de 8 réaux, vaut $5\frac{3}{4}$ liv. moneta buona.
Le ducat ou écu courant......   7   *idem.*
Le francesconi............: $6\frac{2}{3}$ *idem.*
23 liv. moneta buona équivalent à 24 liv. moneta lunga.

Cette première monnaie sert exclusivement dans les affaires de banque.

Cours des Changes.

DONNE	REÇOIT
1 piastre de 8 réaux en arg.... pour ±	87 deniers de gros, à Amsterdam.
100 francesconi........... pour ±	99 écus, à Ancône.
62 sols moneta buona...... ± pour	1 florin cour., à Auguste et Vienne.
1 ducat de 7" mon. buona.... pour ±	104 bolognini, à Bologne.
1 piastre de 8 réaux. .... ±	120 sols hors de banque, à Gênes.
1 .... ±	87 deniers de gros, à Hambourg.
123 sols mon. buona....... ± pour	1 piastre de 8 réaux en or, à Livourne.
1 piastre de 8 réaux........ pour ±	46 deniers sterlings, à Londres.
1 .... ±	125 sols courant, à Milan.
1 .... ±	113 grani, à Naples.

Cours des Changes (Suite).

DONNE	REÇOIT
1 piastre de 8 réaux........... pour	$\pm$ 95 sols de francs , à Paris, Lyon, etc.
100 francesconi	$\mp$ 99 écus de Rome, à Rome.
100 piastres de 8 réaux..........	$\pm$ 490# ital., à Venise.

Les usances y sont différentes, non-seulement pour les pays différens, mais pour ainsi dire pour chaque place en particulier.

Celle pour les traites :
- de Paris est d'un mois de date.
- de Lyon est de 3 jours de vue.
- de la Suisse est de 8 jours de vue.
- de l'Allemagne est de 22 jours de date.
- d'Angleterre et du Portugal est de 3 mois de date.
- de Rome et Venise est de 14 jours de vue.
- de Bologne est de 8 jours de vue.
- de Gênes, Milan et Turin, est de 8 jours de vue.

Il n'y a point de jours de grâce.

35° FRANCE.

On compte par francs à 20 sous ou à 100 centimes, dont la valeur diffère de $\frac{5}{4}$ p. $\frac{o}{o}$ de celle de l'ancienne livre tournois.

80 francs équivalent à 81# tournois.

Cours des Changes.

DONNE	REÇOIT
3 francs fixe...... pour	$\pm$ 57 den. de gros, à Amsterdam.

Cours des Changes (Suite.)

DONNE		REÇOIT

100 francs...... ± pour 100 fr., à Anvers, Bruxelles et Gand, en comparant 400 fr. à 189 florins de change.

258 5/8 francs..... ± pour 100 florins cour., à Auguste et Vienne.

100 .... ± .... 100 francs, à Bâle, en comparant 40 francs à 27 livres de Suisse.

370 francs. .... ± pour 100 reichsth^{rs} cour., à Berlin.

100 .... ± .... 100 francs, à Francfort-sur-Mein, en comparant 640 fr. à 297 florins d'Empire.

477 francs...... ± pour 100 piastres hors de banque, à Gênes

163 .... ± .... 100 liv. cour., à Genève.

187 .... ± .... 100 marcs de banque, à Hambourg.

3 .... pour ± 430 rées, à Lisbonne.

517 .... ± .... 100 piastres de 8 réaux en or, à Livourne.

24 .... ± .... 1 livre sterling, à Londres.

16 .... ± .... 1 pistole de change de 1088 maravédis, à Madrid, Cadix, etc.

13 .... ± .... 1 once, à Messine et Palerme.

100 .... ± .... 100 livres ital., à Milan, en comparant 27000^{tt} cour. à 20723 francs.

440 .... ± .... 100 ducats del regno, à Naples.

100 .... ± .... 100 roubles en assignats, à Pétersbourg.

100 .... ± .... 100 fr., à Turin, en comparant 32 fr. à 27^{tt} piémontaises.

100 .... ± .... 100^{tt} ital., à Venise.

100 .... ± .... 100 francs, à toutes les places de la France entre elles.

EXCEPTIONS.

A BAYONNE ET BORDEAUX,

ON DONNE	ON REÇOIT
3 francs fixe..	pour ± 25 schellings de banque, à Hambourg.

A LILLE,

ON DONNE	ON REÇOIT
169 francs......	± pour 80 florins, à Amsterdam et autres places des Pays-Bas.

A MARSEILLE,

ON DONNE	ON REÇOIT
15 sols de francs.	± pour 1 piastre, à Constantinople, Salonique et Smyrne.
95	± .... 1 piastre de $5\frac{3}{4}$ hors de banque, à Gênes.
103	± .... 1 piastre de 8 réaux en or, à Livourne.
42	± .... 1 écu, à Malte.
88	± .... 1 ducat del regno, à Naples.

A STRASBOURG,

ON DONNE	ON REÇOIT
211 francs......	± pour 100 florins, à Amsterdam.
100	± .... 100 florins, à Auguste, en comparant 256 fr. à 99 fl. cour.
215	± .... 100 florins d'Empire, à Francfort-sur-Mein.

L'usance est de 30 jours pour toute la France, et il

n'y a point de jour de grâce. Si l'échéance d'un effet tombe sur un jour férié, le paiement doit se faire la veille ; mais en cas de refus, le protêt ne se fait que le jour suivant. (*Voyez* le Code de Commerce, art. 125, 130, 131, 132, 133, 134, 135, 160, 161, 162, 163 et 166.)

36° FRANCFORT-SUR-MEIN.

On compte par reichsthalers de 90 kreutzers à 4 hellers, et par florins de 60 kreutzers à 4 hellers.

Les paiemens en marchandises se font en valeur d'Empire, soit au pied de 24 florins, le louis neuf à 11 fl.

Les affaires en banque, au contraire, se font en valeur de change, et 46 en argent de change font invariablement 55 d'Empire.

Cours des Changes.

DONNE		REÇOIT
137 reichsth^{rs} de change. $\pm$ pour		250 flor., à Amsterdam.
100 .... $\pm$		150 fl. cour., à Auguste et Vienne.
100 .... $\pm$		100 reichsth^{rs} de change,
en comparant 23 reichsth^{rs} de ch.		à 60^{tt} de Suisse, à Bâle.
103 kreutzers v^r d'Emp^e. $\pm$ pour		1 reichsth^r cour., à Berlin.
108 reichsth^{rs} de change. $\pm$		100 reichsth^{rs}, à Brême et Léipzic.
145 ....,... $\pm$		300 marcs de banque, à Hambourg.
138 .... $\pm$		22 ¼^{tt} sterlings, à Londres.

Cours des Changes (Suite).

DONNE	REÇOIT
1 florin de change...... pour ± 68 sols courant, à Milan.	
77 ⅝ reichsth^{rs} de ch... ± pour 3oo fr., à Paris, Lyon,	
	etc.

L'usance est de 14 jours à dater de l'acceptation, qui peut être exigée à présentation pour tous effets payables hors de foire, sauf les traites provenant des places d'Allemagne ou de Bavière où l'acceptation n'a lieu que 14 jours avant l'échéance : la loi accordant pour celles-ci une juste réciprocité.

Les effets payables en deuxième et troisième semaine de foire ne s'acceptent que le lundi de la deuxième semaine, et tout ce qui n'est pas accepté ce jour-là doit être protesté le mardi suivant.

Il y a 4 jours de grâce, les jours fériés non compris. Un effet dont le dernier de ces jours de grâce tomberait sur un jour férié, doit être payé ou protesté le lendemain. De cette faveur sont exceptées les traites tirées à 4 jours de vue, celles qui ne sont pas acceptables, et celles acceptées d'un étranger non domicilié. Dans tous ces cas, les paiemens doivent se faire au jour même des échéances, sinon le protêt a lieu.

37° FRANCFORT-SUR-ODER (Prusse.).

(*Voyez* Berlin.)

38° SAINT-GALL (Suisse).

On y compte par florins d'Empire à 6o kreutzers.

Cours des Changes.

DONNE		REÇOIT
58 kreutzers............	±	pour 1 florin, à Amsterdam.
120 florins d'Empire.	±	100 florins cour., à Auguste.
100	±	100 fl. d'Empire, en comparant 11 fl. à 16^{tt} de Suisse, à Basle, Berne et Lausanne.
100 florins d'Empire.	± pour	100 florins d'Empire, en comparant 165 fl. d'Empire à 92 reichsth^{rs} de ch., à Francfort.
23 kreutzers.......	± pour	1^{tt} hors de banque, à Gênes.
100 florins d'Empire.	±	100 fl. d'Empire, en comparant 11 fl. d'Empire à 14^{tt} 10^{s} 6^{d} cour., ou 440 flor. d'Empire à 581 liv., à Genève.
156 kreutzers........	± pour	3 marcs de banq., à Hambourg.
9⅗ florins d'Empire.	±	5 reichsth^{rs} cour., à Léipzic.
144 kreutzers........	±	1 piastr. de 8 réaux, à Livourne.
fl. 11, 30^{x} d'Empire.	±	1^{tt} sterling, à Londres.
21 kreutzers........	±	1^{tt} courante, à Milan.
122	±	1 ducat del regno, à Naples.
100 francs de France.	±	100 fr., à Paris, Lyon, etc., en comparant 297 flor. d'Empire, à 640 fr.
100 florins d'Empire.	± pour	100 fl. d'Empire, à Zurich, en comparant 11 fl. d'Empire à 10 florins de Zuric.

L'usance est de 15 jours de date de l'acceptation, et il y a 6 jours de grâce pour toutes les traites qui ne sont pas payables à vue ; mais celles-ci n'en jouissent pas.

39° GÊNES.

On y compte par livres de 20 sols à 12 deniers.

Il y avait autrefois une banque, qu'on a liquidée en 1808 ; dès-lors toutes les affaires se font en argent hors de banque, et cette dénomination a été maintenue.

La pezza ou piastre, vaut $l.$ 5 ¾ = 115 sols.

Le zecchino de change. .... $l.$ 13 ½ = 270 sols.

Le scudo d'oro di marca .... $l.$ 10 13ˢ 11 $\frac{46}{100}$ᵈ, ou bien 4000 scudi d'oro di marca = 42791 livres hors de banque.

Cours des Changes.

DONNE		REÇOIT
1 piastre.............. pour ±		90ᵈ de gros, à Amsterdam.
62 sols............. ± pour		1 fl. cour., à Auguste et Vienne.
22 .... ±		1 piastre, à Constantinople, Salonique et Smyrne.
116 .... ±		1 piastre en argent, à Florence.
45 .... ±		1 marc de banque, à Hambourg.
1 piastre.............. pour ±		685 rées, à Lisbonne.
124 sols............. ± pour		1 piastre en or, à Livourne.
$l.$ 28,11ˢ.............. ±		1ᵗ sterling, à Londres.
1 scudo d'oro di marca.... pour ±		599 maravédis, à Madrid, Cadix, etc.
51 sols............. ± pour		1 écu de 12 tarins, à Malte.
$l.$ 15.18ˢ............. ±		1 once, à Messine et Palerme.
$l.$ 4................. pour ±		86 ¼ˢ cour., à Milan.
106 sols............ ± pour		1 ducat del regno, à Naples.
1 piastre.............. pour ±		95ˢ de francs, à Paris, Marseille, etc.
135 sols............. ± pour		1 écu romain, à Rome.

Cours des Changes (Suite).

DONNE		REÇOIT

62 sols............... ± pour   1 fl. cour., à Trieste.

1 zecchino........... pour ± 189^f de Piémont, à Turin.

1 liv. hors de banque...... ± 32^f piccoli, à Venise, en compar^t 40500^{tt} piccoli de Venise à 20723^{tt} ital.

L'usance est de 30 jours de date; il n'y a point de jours de grâce.

40. GENÈVE (SUISSE).

On y compte par livres courantes de 20 sous à 12 deniers.

3 livres courantes font un écu de Genève.

Cours des Changes.

DONNE		REÇOIT

3 livres courantes.. pour ± 92 den. de gr., à Amsterdam.

200 .... ± 126 flor. cour.; à Auguste et Vienne.

100 .... ± .... 100^{tt} cour. de Genève, à Bâle, Berne, Lausanne, etc., en comparant l. 581 cour. à 640^{tt} Suisse.

100 livres courantes.. ± pour 100^{tt} courantes, de Genève, à Francfort-sur-Mein, en comparant l. 581 cour. à 368 flor. de change.

100 livres courantes.. ± pour 100^{tt} cour. de Genève, à Saint-Gall, en comparant l. 581 cour. à 440 flor. d'Empire.

97 écus......... ± pour 100 piastres hors de banque, à Gênes.

23 sols......... ± .... 1 marc de banque, à Hambourg.

Cours des Changes (Suite).

DONNE		REÇOIT
105 écus............	± pour	100 piastres de 8 réaux en or, à Livourne.
3 livres.............	pour ±	49 den. sterling , à Londres.
49 sols............	± pour	1 piastre de 272 maravédis , à Madrid.
54 sols.........	±	10 tarins , à Messine et Palerme.
100 écus.........	±	640[#] courantes , à Milan.
54 sols..........	±	1 ducat del regno , à Naples.
100 livres...........	pour ±	163 fr. , à Paris, Lyon , etc.
200 livres...............	±	126 fl. cour. , à Trieste.
100	±	163[#] ital. , à Venise.
100	± pour	100[#] cour. , de Genève, à Zurich, en comparant l. 581 cour. à 400 fl. de Zurich.

L'usance est de 30 jours de date ; il n'y a point de jours de grâce.

41° HAMBOURG.

On y compte par

Livre de gros.	Reichs-thalers.	Thalers de change.	Marcs lubs.	Escal. ou sols de gr.	Schellings lubs.	Deniers de gros.	Dreyling.	Pfennings lubs.
dont 1	2 $\frac{1}{2}$	3 $\frac{3}{4}$	7 $\frac{1}{2}$	20	120	240	720	1440
	1	1 $\frac{1}{2}$	3	8	48	96	288	576
		1	2	5 $\frac{1}{3}$	32	64	192	384
			1	2 $\frac{2}{3}$	16	32	96	192
				1	6	12	36	72
					1	2	6	12
						1	3	6
							1	2

Il existe une banque qui se charge de tous les grands paiemens entre négocians, en transcrivant leurs avoirs réciproques, et moyennant un dépôt que ceux-ci sont tenus de faire en lingots d'argent, à raison de 27 $\frac{5}{8}$ marcs de banque, le marc fin de Cologne. La Ville, de son côté, faisant monnayer sur le pied de 34 marcs, établit une différence entre l'argent courant et celui de la banque, qui établit le rapport de 123 $\frac{1}{13}$ marcs courant ± pour 100 marcs de banque, suivant que l'une ou l'autre de ces espèces se trouvent recherchées.

Cours des Changes.

DONNE		RÉÇOIT
120 marcs de banque.... pour ±		106 florins, à Amsterdam.
200 .... ±		145 fl. cour., à Auguste et Vienne.
25 schellings de banq. ± pour		2^{tt} de Suisse, à Bâle.
41 .... ± pour		1 reichsth^r cour., à Breslaw.
300 marcs de banque.... pour ±		247 reichsth^{rs}, à Copenhague et Cristiania.
300 .... ±		145 reichsth^{rs} de change, à Francfort-sur-Mein.
81 ^a de gros de banq. ± pour		1 piastre hors de banque, à Gênes.
300 marcs de banque.... pour ±		145 reichsth^{rs} de ch., à Léipzic.
47^a de gros........ ± pour		400 rées, à Lisbonne.
88 .... ±		1 piastre de 8 réaux en or, à Livourne.
33 escalins 9^a de gros de banque....... ± pour		1^{tt} sterling, à Londres.
94^a de gros de banq. ±		1 ducat de 375 maravédis, à Madrid, Cadix, etc.

3..

Cours des Changes (Suite).

DONNE		REÇOIT
25 schelling-de banq. ± pour		3 fr., à Paris, Bordeaux, etc.
10 .... ±		1 rouble en assignats, à Pétersbourg.
25 .... ±		3ᵈ ital., à Venise.

L'usance est de 14 jours de date de l'acceptation pour les traites d'Allemagne; d'un mois pour celles de Hollande, d'Angleterre et de France, et de deux mois pour celles d'Espagne, du Portugal, d'Italie et d'Illyrie.

Depuis que Hambourg est redevenu libre, on y a rétabli les anciens usages pour les jours de grâce, qui sont au nombre de 12, celui de l'échéance y compris lorsqu'il s'agit d'échéances fixes, et celui de la présentation non compris, lorsqu'il s'agit d'effets à tant de vue.

La banque se trouvant fermée du 1ᵉʳ au 14 janvier de chaque année, les traites échues à la fin de l'an ne jouissent d'aucun jour de grâce, et sont protestées en cas de non paiement, le premier jour non férié du nouvel an. Celles qui échoient aux trois premiers jours de l'an, doivent être payées ou protestées le troisième jour après l'ouverture de la banque, et toutes les fois qu'une échéance tombe sur un jour férié légal, on reçoit ou proteste la veille.

42° KŒNIGSBERG (PRUSSE).

On y compte et change comme à Danzick. Il y a cette

seule différence, qu'on accorde généralement 3 jours de grâce. (*Voyez* DANZICK.)

43° LAUSANNE.

On y compte par livres de Suisse de 20 sols à 12 deniers, ou de 100 centimes. l. 16 de Suisse font 24 liv. tournois, et l. 27 de Suisse font f. 40 de France.

Cours des Changes.

DONNE		REÇOIT
28 sols	± pour	1 fl. à Amsterdam.
34	±	1 fl., à Auguste, et Vienne.
100 livres	±	100##, à Bâle, Berne, Francfort, Saint-Gall, Genève, Neuchâtel, Paris et Zurich.
64 sols	± pour	1 piastre hors de banque, à Gênes.
25	±	1 marc de banque, à Hambourg.
70	±	1 piastre de 8 réaux en or, à Livourne.
16 livres	±	1 liv. sterling, à Londres.
51	±	100## courantes, à Milan.

Il n'y a ni usance, ni jours de grâce.

44° LEIPZICK (SAXE).

On y compte par

	Reichsthalers	Florins.	Grosches.	Pfenning.
dont	1	1 ½	24	288
		1	16	192
			1	12

La valeur en est la même comme à Auguste, soit celle dite de convention.

Cours des Changes.

DONNE		REÇOIT
136 reichsthrs.. ± pour		250 florins, à Amsterdam.
100 .... ±		150 fl. cour., à Auguste et Vienne.
100 .... pour ±		104 reichsthrs cour., à Berlin et Breslaw.
107 .... ± pour		100 reichsthrs en or, à Brême.
100 .... ±		100 reichsthrs de ch., à Francfort.
145 .... ±		300 marcs de b., à Hambourg.
6 $\frac{5}{24}$ .... ±		1 liv. sterling, à Londres.
77 .... ±		300 francs, à Paris.

L'usance est de 14 jours de vue ; il n'y a pas de jours de grâce.

45° LIÉGE (FLANDRE).

(*Voyez* ANVERS.)

46° LILLE. (*Voyez* FRANCE.)

47° LISBONNE (PORTUGAL).

On y compte par rées, dont 400 font un cruzado de change.

Cours des Changes.

DONNE		REÇOIT
400 rées......... pour ±		50 den. de gros, à Amsterdam.
700 .... ± pour		1 piastre hors de banque, à Gênes.
400 .... ±		45 deniers de gros de banque, à Hambourg.

Cours des Changes (Suite).

DONNE	REÇOIT
760 rées..... ± pour	1 piastre de 8 réaux en or, à Livourne.
1000 .... pour ±	65 deniers sterlings, à Londres.
2400 .... ± pour	1 pistole de 1088 maravédis de Plata, à Madrid, etc.
630 .... ±	1 ducat de change, à Naples.
480 .... ±	3 francs, à Paris.

L'usance y est

de 15 jours de vue pour les traites tirées d'Espagne.
de 30 jours .... d'Angleterre.
de 60 jours de date .... de France.
de 2 mois .... de l'Allemagne et de Hollande.
de 3 mois de date .... de l'Italie.

Les effets tirés d'une place quelconque des possessions portugaises, soit du continent ou d'outre-mer, jouissent de 15 jours de grâce, dont le dernier est celui du paiement ou du protêt.

Les effets tirés d'un autre pays quelconque ne jouissent que de six jours de grâce, s'ils ont été acceptés; mais à défaut d'acceptation préalable, ils doivent être payés ou protestés le jour même de l'échéance.

48° LIVOURNE.

On y compte par piastres de 8 réaux, de 20 sols à 12 deniers, soit en or ou en argent. Toutes les affaires de banque se traitent en or, et celles en marchandises se traitent en valeur d'argent. Ces deux valeurs sont entre elles dans le rapport fixé de 100 en or pour 107 en argent.

La piastre de 8 réaux vaut l. 5¾ moneta buona,
ou.... l. 6 moneta lunga.

Mais de ces deux dernières valeurs on ne considère, en affaires de changes, que la première, qui revient à celle en or.

Cours des Changes.

DONNE	REÇOIT
1 piastre de 8 r^x en or pour ±	96ª de gros., à Amsterdam.
1 ⅓ .... ±	123 bajocchi } à Ancone et
ou 128 sold. (mo. b.) ± pour	1 écu...... } Rome.
100 piastres de 8 r^x en or pour ±	200 fl. cour., à Auguste, Vienne et Trieste.
1 .... ±	92 bolognini, à Bologne.
1 .... ±	260 paras, à Constantinople, Salonique, Smyrne, etc.
1 .... ±	123 sols (moneta buona), à Florence.
1 .... ±	124 sols hors de banque, à Gênes.
1 .... ±	88 den. de gros de banque, à Hambourg.
1 .... ±	750 rées, à Lisbonne.
1 .... ±	50ª sterlings, à Londres.
100 .... ±	130 piastres de ch. de 272 maravedis de Plata, à Madrid, etc.
1 .... ±	30 tarins, à Malte.
1 .... ±	11 ¹³⁄₂₀ tarins, à Messine et Palerme.

Cours des Changes (Suite.)

DONNE		REÇOIT
1 piastre de 8 rˣ en or pour	±	134 sols cour. à Milan.
1	±	117 grani, à Naples.
1	±	103 sols de francs, à Paris, Marseille, etc.
100	±	400 roubles en assignats, à Pétersbourg et Odessa.
100	±	517 liv. ital., à Venise.

L'usance, pour les traites tirées de France, y est d'un mois de date; il n'y a point de jours de grâce.

49° LONDRES (et toute l'Angleterre).

On y compte par pounds, soit livres sterling de 20 schellings à 12 pences ou deniers.

Cours des Changes.

DONNE		REÇOIT
1 livre sterling.... pour	±	$11\frac{13}{20}$ fl., à Amsterdam, Anvers, etc.
22 $\frac{1}{2}$	±	144 reiehsthʳˢ de ch., à Francfort-sur-Mein.
48 den. sterlings. ± pour		1 piastre hors de banque, à Gênes.
1 livre sterling.... pour	±	34 escalins de banque, à Hambourg et Altona.
70 den.......... ± pour		1000 rées, à Lisbonne.
52 .... ±		1 piastre de 8 réaux en or, à Livourne.
41 .... ±		1 peso de 272 marav. de Plata, à Madrid et autres places d'Espagne.

Cours des Changes (Suite).

DONNE		REÇOIT
53 deniers sterling. ± pour		1 piastre de change, à Malte.
134 .... ±		1 oncie, à Messine et Palerme.
44 .... ±		1 ducat del regno, à Naples.
1 livre........... pour ±		24 francs, à Paris, etc.
13 den. .... ± pour		1 rouble d'assignats, à Péters bourg.
1 livre sterling...... pour ±		24 livre ital., à Venise.
1 .... ±		10 fl., à Trieste et Vienne.

L'usance est

de 3 mois pour les traites de l'Italie,
de 2................ de l'Espagne et du Portugal.
de 1................ de France, de Hollande et d'Allemagne.

Les effets à vue doivent être payés ou protestés de suite; mais tous les autres, soit à tant de vue, de date, ou même à jours fixes, jouissent de trois jours de grâce.

Les paiemens des effets échéans un jour férié doivent se faire la veille.

L'Irlande compte comme l'Angleterre, par livres de 20 schellings à 12 pennys; mais sous la dénomination *irisch*.

Le pair de ces deux valeurs est de 108 l. 6 s. 8 d. irisch pour 100 l. sterlings; ce qui fait l. 13 irisch pour l. 12 sterlings : cependant ce change varie de 5 à 12 p. %, selon les casualités du commerce.

50ᵉ LUBECK.

On y compte et change comme à Hambourg.

Il y a 10 jours de grâce, les jours fériés compris.

51° LYON. (*Voyez* FRANCE.)

52° MALAGA. (*Voyez* ESPAGNE.)

53° MALTE.

On y compte par écus (scudi) de 12 tarins à 20 grani.

Une piastre de change (pezzo di oambio ou oncie) vaut 2 $\frac{1}{2}$ écus, ou 30 tarins.

Cours des Changes.

DONNE		REÇOIT
1 écu.............. pour	±	106 paras, à Constanti-nople, Salonique, Smyrne, etc.
4 $\frac{13}{20}$ tarins........ ± pour		1ᵗ hors de banque, à Gênes.
29 tarins.......... ±		1 piastre de 8 réaux en or, à Livourne.
1 piastre de change. ... pour ±		52ᵏ sterlings, à Londres.
5 $\frac{13}{20}$ tarins........ ±		1 franc, à Marseille, etc.
100 piastres de change. ± pour		100 écus, à Messine et Palerme.
25 tarins.......... ±		1 ducat del regno, à Na-ples.
14 $\frac{13}{20}$ tarins. .... ±		1 florin cour., à Trieste.

54° MARSEILLE. (*Voyez* FRANCE.)

55° MAYENCE.

On y compte et change comme à Francfort-sur-Mein.

56° MESSINE (Sicile).

On y compte par oncies ou écus de 30 tarins à 20 grains.

Cours des Changes.

DONNE		REÇOIT
$5\frac{17}{20}$ tarins.... ± pour		1 fl. cour., à Auguste, Trieste et Vienne.
37 grains...... ±		1# hors de banque, à Gênes.
11 $\frac{13}{20}$ tarins.... ±		1 piastre de 8 réaux en or, à Livourne.
55 tarins...... ±		1# sterling, à Londres.
100 oncies...... ±		250 piastres de ch., à Malte.
45 grains...... ±		1 fr., à Marseille, etc.
40 oncies......... pour ±		120 ducats del regno, à Naples.

Messine change à 100 ± pour 100 avec Palerme, et réciproquement.

L'usance pour les traites de l'étranger est de 20 jours de vue, et de 4 jours réciproquement pour celles de Messine sur Palerme, ou de Palerme sur Messine.

Il n'y a point de jours de grâce.

57° MILAN.

On y compte par livres de 20 sols à 12 deniers courant, ou bien par livres italiennes à 100 centimes.

Le rapport de ces deux valeurs est fixé à 27000 liv.

courantes pour 20/23 livres italiennes ; mais dans tout calcul où il ne s'agit que de 3 à 5 chiffres en résultat, on peut se servir avec avantage du rapport de 400 livres courantes pour 307 livres italiennes.

Le filippo vaut l. 7 ½ courantes, ou 106 sols impériaux, soit des sols de la livre italienne ; ce rapport sert à la réduction du prix du change de Milan sur Paris, qui se cote en sols impériaux, pour la valeur constante de 3 livres tournois.

Cours des Changes.

DONNÈ		REÇOIT
55 sols courant . ou 2,10,1 liv. ital..	± pour	1 florin, à Amsterdam.
67 sols courant . ou 2,55,3 liv. ital..	±	{ 1 fl., à Auguste, Trieste et Vienne.
30 $\frac{17}{20}$ liv. cour... ou 23,42,5 liv. ital.	±	16ª de Suisse, à Bâle.
30 $\frac{17}{20}$ liv. cour. ou 23,33,3 liv. ital.	±	{ 11 fl. d'emp. } à Francfort- ou 9 ⅕ fl. de ch. } sur-Mein.
86 sols courant... ± .... ou 83,8 liv. ital..... ±		4ª hors de banq. } 100ª hors de b. } à Gênes.
48 sols courant.. ou 1,86,2 liv. ital...	±	1 m. de banq., à Hambourg.
134 sols courant. ou 5,20,1 liv. ital..	±	{ 1 piastre de 8 réaux en or, à Livourne.
30 $\frac{17}{20}$ liv. cour.. ou 25,6,73 liv. ital	±	1ª sterling, à Londres.
115 sols courant. ou 4,40,4 liv. ital..	±	1 ducat del regno, à Naples.
55 sols impérˣ.. ou 1,01,5 liv. ital..	±	{ 3 liv. tourn. } à Paris, 100 francs } Lyon, etc.

Cours des Changes (Suite).

DONNE		REÇOIT
145 sols cour... ou 5,45,5 liv. ital..	± pour	1 écu rom., à Rome et Bologne.
98 livres ital.....	±	100 livres ital., à Venise.
30 $\frac{17}{20}$ liv. cour.. ou 23,40,5 liv. ital.	±	10 florins, à Zurich.

L'usance est, comme en France, de 30 jours de date. Il n'y a point de jours de grâce.

58° MOSCOU. (*Voyez* SAINT-PÉTERSBOURG.)

59° MUNICH (BAVIÈRE.)
(*Voyez* AUGUSTE.)

60° NAPLES.

On y compte par ducat del regno à 100 grains.

Cours des Changes.

DONNE		REÇOIT
48 grains...	± pour	1 florin, à Amsterdam.
59	±	1 flor. cour., à Auguste, Trieste et Vienne.
19	±	1 liv. (moneta buona) en argent, à Florence.
18,80 ducats..	±	100 livres hors de banque, à Gênes.
42 grains...	±	1 marc de banque, à Hambourg.
63	±	400 rées, à Lisbonne.
117 ducats..	±	100 piastres de 8 réaux en or, à Livourne.
537 grains...	±	1^{lt} sterling, à Londres.
91	±	1 piastre de change de 272 maravédis, à Madrid, etc.

Cours des Changes (Suite).

DONNE.		REÇOIT
120 grains...	± pour	1 écu de 12 tarins, à Messine et Palerme.
17,39 ducats..	±	100 livres courant, à Milan.
22 grains...	±	1 franc, à Paris, Marseille, etc.
127	±	1 écu romain, à Rome, Ancône, etc.
22	±	1 livre ital., à Venise.

L'usance était en 1808

de 14 jours après l'acceptation pour tous les effets tirés de l'intérieur,

de 22 jours .... ceux d'Italie et de Sicile,

de 2 mois de date pour ceux tirés de la Hollande, de France et d'Allemagne,

de 3 mois de date .... d'Angleterre, du Portugal et de la Russie.

Les acceptations s'y faisaient ordinairement les samedis pour tout ce qui arrivait pendant la semaine ; on ne protestait pas avant. Cependant cela n'était pas de rigueur pour les effets payables à vue, dont on exigeait le paiement ou que l'on faisait protester dans les 24 heures. Les effets stipulés à quelque peu de jours de vue ou de date, étaient aussi acceptables de suite, et se payaient le jour même de l'échéance.

Le Code français ayant été introduit le premier janvier 1809, et devant sans doute être maintenu, on peut consulter l'article FRANCE pour tout ce qui concerne ces coutumes, les susmentionnées pouvant être considérées comme abrogées.

61° NEUCHATEL (Suisse).

On y compte par livres de 20 sols à 12 deniers de Neuchâtel, qui valent 5 pour cent de moins que l'argent Suisse, 21 livres de Neuchâtel faisant 20 livres de Suisse. Mais toutes les réductions de changes se font en valeur tournois, à 24 liv. tournois pour 16 liv. de Suisse, que l'on subdivise en sols à 12 deniers.

Cours des Changes.

DONNE		REÇOIT
43 sols tournois...	±	pour 1 florin, à Amsterdam.
52	±	.... 1 fl. cour., à Auguste et Vienne.
100^{tt} de Suisse.....	±	.... 100^{tt} de Suisse, à Bâle, Berne, Genève, Lausanne, St-Gall et Zurich.
100	±	.... 100^{tt} de Suisse, à Francfort-sur-Mein, en comparant 16^{tt} de Suisse à 9 $\frac{1}{5}$ fl. de change.
96 sols tournois...	±	.... 1 piastre hors de banq., à Gênes.
38	±	.... 1 marc de banq., à Hambourg.
105	±	.... 1 piastre de 8 réaux en or, à Livourne.
24 livres tournois..	±	.... 1 livre sterling, à Londres.
51 livres Suisse...	±	.... 100 liv. courant, à Milan.
100 fr. de France...	±	.... 100 fr., à Paris, etc., en comparant 27^{tt} Suisse à 40 francs.

Il n'y a pas d'usance ni aucun jour de grâce.

62° NEW-YORCK (Amérique).

(*Voyez* États-unis.)

63° NUREMBERG (Bavière).

On y compte, comme à Auguste, par reichsthalers à 90 kreutzers, ou par florins à 60 kreutzers. Il y a deux valeurs distinctes, la courante et celle d'Empire, dont le rapport est le même qu'à Auguste.

Cours des Changes.

DONNE		REÇOIT
136 reichsth^{rs} cour.	± pour	250 florins, à Amsterdam.
100	±	100 reichsth^{rs} cour., à Auguste.
107	±	100 reichsth^{rs} en or, à Brême.
99	±	100 reichsth^{rs} de ch., à Franc-fort-sur-Mein.
145	±	300 marcs de banque, à Hambourg.
100	±	100 reichsth^{rs} de ch., à Léipzic.
9 ½ florins cour. ...	±	1 livre sterling, à Londres.
116	±	300 francs, à Paris, Lyon, etc.
100	±	100 flor. effectifs, à Vienne.

L'usance est la même qu'à Auguste.

On n'accepte que 14 jours avant l'échéance, et il y a 6 jours de grâce pour toutes les traites qui ne sont pas payables à vue.

64° ODESSA (Port russe de la Mer Noire).

On y compte par roubles à 100 copecks, en assignats de banque, dont 385 valaient 100 roubles d'argent le $\frac{2}{12}$ janvier 1818, jour duquel se datent les rapports suivans.

Cours des Changes.

DONNE		REÇOIT

100 roubles en assig.... pour $\pm$ 44 fl., à Auguste et Vienne.

72 roubles........ $\pm$ pour 100 piast.⎫ à Constantino-
72 copecks........ $\pm$ .... 1 piast.⎬ ple, Salonique,
　　　　　　　　　　　　　　　　　　⎭ Smyrne , etc.

1 rouble............. pour $\pm$ 28 sols hors de banque, à
　　　　　　　　　　　　　　　　Gênes.

4ı7 roubles........ $\pm$ pour 100 piast.⎫ de 8 réaux en or,
4ı7 copecks........ $\pm$ .... 1 piast.⎬ à Livourne.

21,37 roubles assign.. $\pm$ .... 1 livre sterling, à Londres.

100 roubles.......... pour $\pm$ 117 fr., à Paris, Marseille,
　　　　　　　　　　　　　　　　　etc.

100 .... $\pm$ pour 100 roubles, à Pétersbourg
　　　　　　　　　　　　　　　　　et autres places de Russie.

Pour les usances et autres coutumes, *Voyez* Pétersbourg.

65° PALERME (Sicile).

(*Voyez* Messine.)

66° PAMPELUNE (Espagne.)

(*Voyez* Espagne.)

67° PARIS. (*Voyez* France.)

68° SAINT-PÉTERSBOURG.

On y compte par roubles à 100 copecks en assignats
de banque, dont il existe des billets de 100, 5o, 25
roubles sur papier blanc, de 10 roubles sur papier
rouge, et de 5 roubles sur papier bleu. La banque

les échangeant contre des monnaies de cuivre, il s'ensuit que les paiemens peuvent se faire indistinctement en monnaie ou en papier, et qu'ils suivent les mêmes chances de baisse et de hausse.

Toutes les affaires de banque se font en papier; en conséquence, les rapports suivans se trouvent réduits dans la proportion de la perte que celui-ci éprouve momentanément.

Cours des Changes.

DONNE	REÇOIT
1 rouble en assignats.. pour ±	12 stubers , à Amsterdam.
1	± 30 kreutzers , à Auguste et Vienne.
1	± 11 schellings de banque , à Hambourg.
1	± 13ᵈ sterlings , à Londres.
100	± 129 francs , à Paris.

Il n'y a point d'usance; mais il y a 10 jours de grâce pour toutes les traites, sauf celles stipulées à vue qui ne jouissent que de trois.

Toute la Russie a maintenu l'ancien calendrier dit *Julien,* qui diffère maintenant de 12 jours en retard contre le Grégorien, qui est celui du reste de l'Europe. D'après cela, le premier d'un mois en Russie, correspond au 13ᵉ du même mois chez nous.

69° PHILADELPHIE (Amérique).
(*Voyez* les États-Unis.)

70° PORTO (Portugal).
(*Voyez* Lisbonne.)

71° PRAGUE (Bohême).
(*Voyez* Vienne.)

72° REGENSBOURG (Bavière).
(*Voyez* Auguste et Nuremberg.)

73° REVAL (Russie).

On y compte et change comme à Brody. (*Voyez* Brody.)

74° RIGA (Russie).

On y compte et change comme à Pétersbourg.
(*Voyez* Pétersbourg.)

75° RIO-JANEIRO (Brésil).

On y compte et change comme à Lisbonne.
(*Voyez* Lisbonne.)

76° ROME (Siége du Pape).

On y compte par écus de Rome (scudi) de 10 paoli ou 100 bajocchi.

Cours des Changes.

DONNE		REÇOIT
37 bajocchi.	± pour	1 florin, à Amsterdam.
100 écus....	±	100 écus, à Ancône.
46 bajocchi.	±	1 fl. cour., à Auguste, Trieste, et Vienne.
100 écus....	±	500 liv. de banque, à Bologne.
99 bajocchi.	±	1 francescone, à Florence.
1 écu........	pour ±	135 sols hors de banq, à Gênes.

Cours des Changes (Suite).

DONNE	REÇOIT
92 bajocchi. ± pour	1 piastre de 8 réaux en or, à Livourne.
4,25 écus... } ou 42,5 paoli.. } ± pour	1^{lt} sterling, à Londres.
1 écu........ pour	± 146 sols cour., à Milan.
100	± 127 ducats del regno, à Naples.
1	± 112 sols de fr., à Paris, Marseille, etc.
100	± 560 livres ital., à Venise.

L'usance y est

de 15 jours après l'acceptation pour les traites de l'intérieur des États romains,

de 22 jours après l'acceptation pour les traites de l'étranger.

Les traites de l'intérieur des États romains jouissent d'une semaine de grâce, lorsqu'elles ont été acceptées. Toutes les autres traites ne jouissent d'aucun jour de grâce.

Les acceptations ont lieu

les mercredis pour les effets de l'intérieur,
les vendredis pour ceux du royaume de Naples,
les samedis pour ceux de tous les autres pays.

Les acceptations datées d'un autre jour que ceux susmentionnés, comptent comme si elles avaient eu lieu le jour d'acceptation précédent et relatif à l'effet.

On proteste le lendemain de l'échéance, ou le surlendemain, si ce premier tombe sur un jour férié.

77° ROTTERDAM (Hollande).
(*Voyez* Amsterdam.)

78° SALONIQUE (Turquie).
(*Voyez* Constantinople.)

79° SCHAFFHAUSEN (Suisse).

On y compte et change comme à Saint-Gall. (*Voyez* Saint-Gall.)

80° SAINT-SÉBASTIEN (Espagne).
(*Voyez* Espagne.)

81° SÉVILLE (Espagne).
(*Voyez* Espagne.)

82° SMYRNE (Turquie).
(*Voyez* Constantinople.)

83° STETIN (Poméranie prussienne).

On y compte et change comme à Berlin.

84° STOCKHOLM (Suède).

On y compte par reichsthaler spécies à 48 schellings ; et les paiemens s'y font en papier monnaie qui perd plus de moitié.

Cours des Changes.

DONNE		REÇOIT
105 schellings..	± pour	2 $\frac{1}{2}$ florins, à Amsterdam.
110	±	3 marcs de banque, à Hambourg.

Cours des Changes (Suite.)

DONNE		REÇOIT
5a schellings. . ± pour		400 rées , à Lisbonne.
102 . . . . ±		1 piastre , à Livourne.
9 $\frac{37}{48}$ reichsth^{rs}. ±		1^{tt} sterling , à Londres.
19 schellings. . ±		1 franc , à Paris.
25 . . . . ±		1 rouble en assignats , à Pétersbourg.
160 reichsth^{rs}. . ±		100 reichsth^{rs} effectifs , à Vienne.

L'usance est d'un mois après l'acceptation.

Il n'y a point de faveur pour les traites à vue, ou de 2 à 3 jours de vue; mais toutes les autres jouissent de 6 jours de grâce, et les paiemens dont l'échéance tombe sur un jour férié, sont exigibles la veille.

85° STUTGARD (Wurtemberg).

On y compte par florins d'Empire à 60 kreutzers.

Cours des Changes.

DONNE		REÇOIT
98 florins d'Empire. ± pour		100 florins , à Amsterdam.
100 . . . . ±		100 fl., à Auguste, Nuremberg et Vienne, en comparant 120 fl. d'Empire à 100 fl. cour.
100 florins d'Empire. ± pour		100 fl., à Bâle, en comparant 11 florins d'Empire à 16^{tt} de Suisse.
193 florins d'Empire. ± pour		100 reichsth^{rs} en or, à Brême.
100 . . . . ±		100 fl. d'Empire, à Francfort.
261 . . . . ±		300 marcs de banque, à Hambourg.
180 . . . . ±		100 reichsth^{rs} de ch., à Léipzic.
11 $\frac{1}{2}$ . . . . ±		1^{tt} sterling , à Londres.
139 . . . . ±		300 francs , à Paris.

Les usages sont ceux de Léipzic ; le Code de commerce de Stutgard ne statuant rien à cet égard, et se référant, pour tout ce qui n'y est pas prévu, sur celui de Léipzic.

86° STRALSUND (Poméranie prussienne).

On y compte par reichsthaler de 48 schellings à 12 pfennings, que l'on subdivise aussi en 24 schellings à 12 pfennings, ou en 24 bons grosches.

Cours des Changes.

DONNE		REÇOIT
128 reichsth^{rs} cour..	± pour	250 florins , à Amsterdam.
136	±	300 mars de banq., à Hambourg.
136	±	100 reichsth^{rs} spécies effectifs, à Stockholm.

L'usance est à un mois de vue, et il y a 6 jours de grâce.

87° STRASBOURG (*Voyez* France).

88° TRIESTE.

On y compte par florins courans à 60 kreutzers, dont la valeur est celle d'Auguste et de Vienne.

Cours des Changes.

DONNE		REÇOIT
49 kreutzers......	± pour	1 florin, à Amsterdam.
100 florins courant.	±	100 fl. cour., à Auguste et Vienne.
31	±	100 piastres, à Constantinople, Salonique, Smyrne, etc.
19 kreutzers.....	±	1 livre hors de banque, à Gênes.
43	±	1 marc de banq., à Hambourg.

Cours des Changes (Suite).

DONNE		REÇOIT
$2\frac{41}{60}$ florins......	± pour	1000 rées, à Lisbonne.
$2\frac{1}{60}$	±	1 piastre de 8 réaux en or, à Livourne.
$9\frac{11}{60}$	±	1 sterling, à Londres.
$2\frac{7}{60}$	±	1 ducat de change de 375 maravédis, à Madrid, etc.
$5\frac{7}{60}$	±	1 oncie, à Messine et Palerme.
23 kreutzers......	±	1 livre ital., à Milan.
$1\frac{43}{60}$ florin......	±	1 ducat del regno, à Naples.
23 kreutzers......	±	1 franc, à Paris, etc.
$2\frac{11}{60}$ florins......	±	1 écu, à Rome, Ancône et Bologne.
23 kreutzers......	±	1 livre ital., à Venise.

L'usance est de 14 jours de vue. Les traites à vue à quelques jours de vue ou à jour fixe, ne jouissent d'aucun jour de grâce; toutes les autres en ont trois.

Lorsqu'un effet échoit à un jour férié, le paiement ne se fait que le lendemain.

89° TURIN (Piémont).

On y compte par livres de piémont de 20 sols à 12 deniers.

27 livres de Piémont font constamment 32 francs de France.

Cours des Changes.

DONNE		REÇOIT
39 sols......	± pour	1 florin, à Amsterdam.
43	±	1 fl. cour., à Auguste et Vienne.

Cours des Changes (Suite).

DONNE		RECOIT
9 $\frac{9}{20}$ livres....	± pour	13$\frac{1}{2}$# hors de banque, à Gênes.
87 sols.........	±	1 piastre de 8 réaux en or, à Livourne.
20 $\frac{3}{20}$ livres....	±	1# sterling, à Londres.
97 sols.........	±	7$\frac{1}{2}$ liv. cour., à Milan.
74	±	1 ducat del regno, à Naples.
20 $\frac{1}{20}$ livres....	±	24# tournois, à Paris, Lyon, etc.
94 sols.........	±	1 écu, à Rome.

Le Code français y ayant été introduit et maintenu, il faut consulter l'article de France pour ce qui a rapport aux usages.

90° VALENCE. (*Voyez* ESPAGNE.)

91° VARSOVIE (POLOGNE).

On y compte par florins de 30 grosches à 18 pfennings.

Le ducat vaut 3 thalers, ou 18 florins.

42 florins de Pologne équivalent à 7 reichsthalers cour. de Prusse.

Cours des Changes.

DONNE		RECOIT
1 ducat.......	pour ±	106 stubers, à Amsterdam.
100	±	101 ducats, à Hambourg, en comptant 1 ducat pour 6 marcs de banque.
40 florins....	± pour	1# sterling, à Londres.
1 ducat.......	pour ±	11,10 francs, à Paris.
1	±	4$\frac{40}{60}$ florins effectifs, à Vienne.

92° VENISE.

On y comptait autrefois par livres de 20 marchetti à 12 deniers piccoli, ou par ducats de 24 grossi à 1 grosseti.

5 ducats valaient 31 livres piccoli.

Durant le régime français, on a introduit les livres italiennes, qui équivalent aux francs de France : leur rapport avec les anciennes livres piccoli a été fixé à 20723 livres italiennes pour 40500 livres piccoli.

Cours des Changes.

DONNE		REÇOIT
2,11 livres ital..	± pour	1 florin, à Amsterdam.
2,58	±	1 fl. cour. , à Auguste , Trieste et Vienne.
0,79	±	1 piastre , à Constantinople et autres places de la Turquie.
0,83	±	1 livre hors de banque, à Gênes.
1,87	±	1 marc de banque , à Hambourg.
5,17	±	1 piastre de 8 réaux en or, à Livourne.
23,70	±	1.st sterling , à Londres.
100	±	100st ital., à Milan.
4,41	±	1 ducat del regno, à Naples.
100	±	100 francs, à Paris.
5,60	±	1 écu, à Rome, Ancône, etc.

L'usance est de 30 jours de date ; il n'y a point de jours de grâce.

93° VIENNE.

On y compte par

	Reichsthalers.	Florins.	Kreutzers.
dont	1	$1\frac{1}{2}$	90
		1	60

Il y a un papier-monnaie que l'on amortit peu à peu. La grande dépréciation de ce papier, par lequel se faisaient tous les paiemens, a obligé, par ses fluctuations extraordinaires, de coter les prix des changes en valeur effective; et bien que celui en papier paraisse encore souvent à côté, il n'est pas moins à croire qu'il finira par disparaître tout-à-fait.

Dans toutes ces tables, on n'a considéré que les prix en effectifs; mais les mêmes rapports sont aussi ceux pour les prix en papier : il y a cette seule différence, que ces derniers se trouvent partout de beaucoup au-dessous du taux primitif.

Les deux valeurs, celle dite en effectifs, et celle en papier-monnaie, qui devraient également représenter la valeur courante de Vienne, n'ont plus aucune mesure commune entre elles; puisque tandis que la première a l'argent, soit une valeur réelle pour base, celle de cette autre n'est qu'idéale, et suit constamment les chances de la fortune de l'Etat.

Cours des Changes.

DONNE		REÇOIT
136 reichsth^{rs} cour.. ± pour		250 florins , à Amsterdam.
100 .... ±		100 reichsth^{rs} cour., à Auguste , Prague et Trieste.
1 florin courant...... pour ±		141 paras, à Constantinople, Salonique , Smyrne , etc.
100 reichsth^{rs} cour. . ± pour		100 reichsth^{rs} de change , à Francfort-sur-Mein , et Léipzic.
1 florin courant...... pour ±		62 sols hors de banque , à Gênes.
145 reichsth^{rs}...... ± pour		300 marcs de banq., à Hambourg.
1 florin............. pour ±		57 sols mon. buona , à Livourne.
9 $\frac{41}{60}$ florins....... ± pour		1[#] sterling, à Londres.
1 .... pour ±		67 sols courant, à Milan.
1 .... ±		58 grains, à Naples.
116 .... ± pour		300 fr., à Paris, Lyon, etc.
30 kreutzers...... ±		1 rouble en assignats ; à Pétersbourg.

L'usance est de 14 jours après l'acceptation. Les traites à peu de jours de vue ou à jours fixes, n'ont point de faveurs ; toutes les autres jouissent de 3 jours de grâce. Les paiemens tombant sur des jours fériés ne sont exigibles que le lendemain.

94° ZURICH (Suisse).

On y compte par florins à 60 kreutzers, ou à 40 schellings ; mais, dans toute affaire de banque , on ne fait valoir que cette première subdivision ; l'autre ne sert qu'aux affaires de détail, et le billon du Canton y est conformé.

10 florins de Zurich valent un louis neuf, 16 livres de Suisse, ou 11 florins d'Empire.

Cours des Changes.

DONNE		REÇOIT
53 kreutzers..	± pour	1 florin, à Amsterdam.
109 florins.....	±	100 fl. cour., à Auguste et Vienne.
100	±	160ᵗᵗ Suisse, à Bâle.
100	±	110 fl. d'Empire, ou 92 fl. de ch., à Francfort-sur-Mein.
100	±	110 fl. d'Empire, à Saint-Gall.
21 kreutzers ..	±	1ᵗᵗ hors de banque, à Gênes.
237 florins.....	±	300 marcs de banq., à Hambourg.
131 kreutzers...	±	1 piastre de 8 réaux en or, à Livourne.
$10\frac{7}{60}$ florins...	±	1ᵗᵗ sterling., à Londres.
107	±	$333\frac{1}{3}$ livres courant, à Milan.
100 francs.....	±	100 fr.. à Paris, Lyon, etc., en comparant 27 florins à 64 francs.

Il n'y a ni usances ni jours de grâce ; les effets échéant aux jours de fête se paient le lendemain.

TABLEAU

DE COMPARAISON

DES MONNAIES ÉTRANGÉRES

AVEC LES MONNAIES FRANÇAISES,

Toutes supposées exactes de poids et de titre, d'après les lois de fabrication. (*Tiré de l'*Annuaire de 1822.)

N. B. Le *titre* est la quantité de métal pur (ou de fin) contenu dans la totalité de la pièce, qu'on suppose composée de 1000 parties. Le titre du franc est $\frac{9}{10}$ ou 0,900, son poids étant de 5 grammes, il contient $\frac{9}{2}$ grammes d'argent; ainsi, abstraction faite des frais du monnayage, le gramme d'argent vaut $\frac{2}{9}$ de franc, et le kilogramme $\frac{2000}{9}$ de franc ou 222 fr. 22 c.; le kilogramme d'or vaut 3444 fr. 44 c., le rapport de la valeur de l'or à celle de l'argent étant établi de $15\frac{1}{2}$ à 1.

Nature	Dénomination des pièces.	Poids légal.	Tit. légal.	Valeurs.
	A N G L E T E R R E.			
Or.	Guinée de 21 schellings	8ᵍ38o2	917	26ᶠ 47ᶜ
	Demi	4,1901	917	13 23,50
	Un quart	2,095	917	6 61,75
	Un tiers, ou 7 schellings	2,7934	917	8 82,33
	Souverain depuis 1818, de 20 schellings	7,9808	917	25 20,80
Arg.	Crown, ou couronne de 5 schell. anciens	30,074	925	6 18
	Schelling ancien	6,015	925	1 23,60
	Crown, ou couronne depuis 1818	28,2514	925	5 80,72
	Schelling, depuis 1818	5,65o3	925	1 16,14
	A U T R I C H E E T B O H Ê M E.			
Or.	Ducat de l'Empereur	3,491	986	11 86
	Ducat de Hongrie	3,491	990	11 90
	Souverain	5,567	917	17 58
	Demi	2,7835	917	8 79
Arg.	Ecu, ou reichsthr de convention, depuis 1753.	28,064	833	5 19,50
	Demi-reichsthr, ou florin	14,032	833	2 59,75
	Vingt kreutzers	6,682	583	0 86,50
	Dix kreutzers	3,898	500	0 43,25
	H O L L A N D E			
Or.	Ducat	3,512	986	11 93
	Ryder	9,988	920	31 65
	Vingt florins, 1808	13,659	917	43 14
	Dix florins, *idem*	6,8295	917	21 57
	—— de Guillaume, 1818	6,700	900	20 77
Arg.	Florin de 20 sous	10,597	917	2 15,94
	Escalin, ou pièce de 6 sous	4,976	583	0 64
	Ducaton ou ryder	32,750	941	6 85
	Ducat ou rieichsthaler	28,230	873	5 48

Nature	Dénomination des pièces.	Poids légal.	Tit. légal.	Valeurs.
	DANEMARCK ET HOLSTEIN.			
Or.	Ducat courant depuis 1767................	3ᵍ143	875	9ᶠ47ᶜ
	Ducat spécies, 1791 à 1802...............	3,519	979	11 86
	Chrétien, 1773.........................	6,735	903	20 95
Arg.	Reichsthʳ d'espèce, ou double écu de 96 schellings Danois, depuis 1776.	29,126	875	5 66
	Reichsthʳ cᵗ, ou pièce de 6 m. Danoise de 1750	26,800	833	4 96
	Mark danois de 16 schellings, de 1776.......	» »	688	0 94
	Mark de Lubeck de 16 schellings, de 1740....	9,164	750	1 53
	ÉTAT ECCLÉSIASTIQUE.			
Or.	Pistoles de Pie VI et Pie VII.............	5,471	916⅔	17 27,50
	Demi................................	2,7355	916⅔	8 63,75
	Sequin, 1769, Clément XIV et ses success....	3,426	1000	11 80
	Demi................................	1,713	1000½	5 90
Arg.	Ecu de 10 paoli, ou 100 bajocchi............	26,437	916⅔	5 38,50
	Trois-dixièmes d'écu, ou teston de 30 bajocchi..	7,931	916⅔	1 62
	Un-cinquième d'écu, ou papeto de 20 bajocchi	5,287	916⅔	1 08
	Un-dixième d'écu, ou paoli de 10 bajocchi. ..	2,644	916⅔	0 54
	ESPAGNE.			
Or.	Pistole ou doublon de 8 écus, 1772 à 1786....	27,045	901	83 93
	—— de 4 écus.....................	13,5225	901	41 96,50
	—— de 2 écus.....................	6,7613	901	20 98,25
	Demi-pistole, ou écu....................	3,3806	901	10 49,12
	Pistole ou doublon de 8 écus, depuis 1786.....	27,045	875	81 51
	—— de 4 écus....................	13,5225	875	40 75,50
	—— de 2 écus....................	6,7613	875	20 37,75
	Demi-pistole ou écu....................	3,3806	875	10 18,87
Arg.	Piastre, depuis 1772....................	27,045	903	5 43
	Réal de 2, ou piécette, ou cinquième de piastre.	5,971	813	1 08
	Réal de 1, ou demi-piécette, ou 10ᵉ de piastre..	2,9855	813	0 54
	Réallillo, ou réal de veillon, ou 20ᵉ de piastre.	1,4928	813	0 27

Nota. Ces trois dernières pièces sont dénommées *monnaie provinciale;* elles sont fabriquées en Espagne et n'ont cours que dans la péninsule.

Nature	Dénomination des pièces.	Poids légal.	Tit. légal.	Valeurs.
	HAMBOURG.			
Or.	Ducat *ad legem imperii*................	3,491	986	11 86
	Ducat nouveau de la ville................	3,488	979	11 76
Arg.	Marc banco (*monnaie imaginaire*)..........	» »	» »	1 88
	Marc ou 16 schell., d'après la convent. de Lubeck.	9,164	750	1 53
	Reichsthʳ de constitution, ou écu de banque.	29,233	889	5 78
	TOSCANE.			
Or.	Ruspone, ou 3 sequins aux lys.............	10,464	1000	36 04
	Un tiers ruspone, ou sequin aux lys.........	3,488	1000	12 01,33
	Demi-sequin..........................	1,744	1000	6 00,67
	Sequin à l'effigie......................	3,488	1000	12 01,33
	Rosine..............................	6,976	896	21 54
	Demi................................	3,488	896	10 77
Arg.	Francescone de 10 paoli, livournine, piastre à la rose, talaro, léopoldine et écu de 10 paoli.	27,507	917	5 61
	Pièce de 5 paoli.......................	13,7535	917	2 80,50
	—— de 2 paoli....................	5,501	917	1 12,20
	—— de 1 paoli....................	2,751	917	0 56,10
	SUISSE.			
Or.	Pièce de 32 franken de Suisse	15,297	904	47 63
	—— de 16...................	7,6485	904	23 81,50
	Ducat de Zurich.......................	3,491	979	11 77
	—— de Berne......................	3,452	979	11 64
	Pièce de Berne, de 16 f. de Suisse, appelée Louis.	7,648	902	23 76
Arg.	Ecu de Bâle de 30 batz, ou 2 florins.........	23,386	878	4 56

Nature	Dénomination des pièces.	Poids légal.	Tit. légal.	Valeurs.
	S U I S S E (suite).			
Arg.	Demi-écu, ou florin de 15 batz............	11,6693	878	2f 28c
	Franc de Berne, depuis 1803............	7,512	900	1 50
	Ecu de Zürick, de 1781............	25,057	844	4 70
	Demi, ou florin, depuis 1781............	12,5285	844	2 35
	Ecu de 40 batz de Bâle et Soleure, depuis 1798.	29,480	901	5 90
	Pièce de 4 franken de Berne, 1799.........	29,370	901	5 88
	—— de 4 franken de Suisse, en 1803......	30,040	900	6 0
	—— de 2 franken de Suisse, en 1803......	15,0245	900	3 0
	—— d'un franken de Suisse, en 1803.......	7,5123	900	1 50
	N A P L E S.			
Or.	Le titre des ducats est trop variable pour pouvoir en donner l'évaluat. en monnaies françaises.	» »	»	» »
	Once nouveau de 3 ducats, depuis 1818.....	3,786	996	12 99
	Quintuple de 15 ducats, depuis 1818......	18,933	996	64 95
	Décuple de 30 ducats, depuis 1818.........	37,865	996	129 90
Arg.	12 carlins de 120 grains, depuis 1804......	27,533	$833\frac{1}{3}$	5 10
	Ducats de 10 carlins de 100 grains, 1784....	22,810	$839\frac{1}{2}$	4 25
	2 carlins, depuis 1804..................	4,589	$833\frac{1}{3}$	0 85
	1 carlins, depuis 1804..................	2,2945	$833\frac{1}{3}$	0 42,5
	Ducat de 10 carlins, de 1818............	22,943	$838\frac{1}{3}$	4 25
	P A R M E.			
Or.	Sequin......................	3,468	1000	11 95
	Pistole de 1784............	7,498	891	23 01
	Pistole de 1786 à 1791............	7,141	891	21 91,50
	40 lire de Marie-Louise, depuis 1815.......	12,9032	900	40 »
	20 lire de Marie-Louise, depuis 1815........	6,4516	900	20 »
Arg.	Ducat de 1784 et 1796.................	25,707	906	5 18
	Pièce de 3 livres, depuis 1790............	3,672	833	0 68
	—— d'une livre 10 sous, depuis 1790.......	1,836	833	0 34
	5 lire de Marie-Louise, depuis 1815.........	25,000	900	5 »
	2 lire, 1 lira, $\frac{1}{2}$ et $\frac{1}{4}$ de lira, à proportion.....	» »	»	» »
	G Ê N E S.			
Or.	Sequin.....................	3,487	1000	12 01
	P O R T U G A L.			
Or.	Moeda douro, lisbonnine de 4800 rées......	10,752	917	33 96
	Meia moeda, demi-lisbonnine 2400 rées.....	5,376	917	16 98
	Quartinho, quart de lisbonnine, de 1200 rées.	2,688	917	8 49
	Meia dobra, portugaise de 6400 rées........	14,334	917	45 27
	Demi-portugaise de 3200 rées............	7,167	917	22 63,50
	Pièce de 16 testons de 1600 rées............	3,583	917	11 31,75
	—— de 12 testons de 1200 rées............	2,538	917	8 02
	—— de 8 testons de 800 rées............	1,792	917	5 66
	Cruzade de 480 rées..................	1,045	917	3 30
Arg.	Cruzade neuve de 480 rées..............	14,633	903	2 94
	1000 rées.....................	» »	»	6 12,50
	P R U S S E.			
Or.	Ducat........................	3,491	979	11 77
	Frédéric......................	6,689	903	20 80
	Demi........................	3,3445	903	10 40
Arg.	Reichsthaler de 24 bons groches, de 1767 à 1807	22,298	750	3 71,63
	Demi, ou 12 bons groches............	11,149	750	1 85,81
	Gros........................	» »	»	0 15,48
	R A G U S E.			
Or.	Néant.			
Arg.	Talaro, dit ragusine................	29,400	600	3 90
	Demi......................	14,700	600	1 95
	Ducat......................	13,666	450	1 37
	12 grossettes...................	4,140	450	0 41
	6 grossettes...................	2,070	450	0 20,50

Nature	Dénomination des pièces.	Poids légal.	Titre légal.	Valeurs.	
	RUSSIE.				
Or	Ducat de 1755 à 1763	3ᵇ495	979	11f	79c
	de 1763	3,473	969	11	59
	Impériale de 10 roubles, de 1755 à 1763	16,585	917	52	38
	Demie de 5 roubles, de 1755 à 1763	8,2925	917	26	19
	Impériale de 10 roubles, depuis 1763	13,073	917	41	29
	Demie de 5 roubles, depuis 1763	6,5365	917	20	64,50
Arg.	Roubles de 100 copecks, de 1750 à 1762	25,870	802	4	61
	—— depuis 1763 à 1807	24,011	750	4	0
	SARDAIGNE.				
Or.	Carlin, dpuis 1768	16,056	892	49	33
	Demi	8,028	892	24	66,50
	Pistole	9,118	906	28	45
	Demie	4,559	906	14	22,50
Arg.	Ecu, depuis 1768	23,590	896	4	70
	Demi-écu	11,795	896	2	35
	Quart d'écu, ou une livre	5,8975	896	1	17,50
	Ecu neuf de 5 livres, 1816	25,000	900	5	0
	SAVOIE ET PIÉMOMT.				
Or	Sequin	3,468	1000	11	94,50
	Double neuve pistole de 24 livres	9,620	906	30	0
	Demie de 12 livres	4,810	906	15	0
	Carlin depuis 1755	48,100	906	150	0
	Demi	24,050	906	75	0
	Pistole neuve de 20 livres, de 1816	6,4516	900	20	0
Arg.	Ecu de 6 livres, depuis 1755	35,118	906	7	07
	Demi-écu	17,559	906	3	53,50
	Un quart, ou 30 sous	8,7795	906	1	76,75
	Demi-quart, ou 15 sous	4,3897	906	0	88,37
	Ecu neuf de 5 livres, 1816	25 »	900	5	0
	SAXE.				
Or.	Ducat	3,491	986	11	86
	Double Auguste, ou 10 thalers	13,340	903	41	49
	Auguste, ou 5 thalers	6,670	903	20	74,50
	Demi-Auguste	3,335	903	10	37,25
Arg.	Reichr d'espèce, ou écu de convent., depuis 1763	28,064	833	5	19,50
	Demi, ou florin de convention	14,032	833	2	59,75
	Thaler de 24 bons grosches (monnaie imagin.).	» »	»	3	89,63
	Un grosche ou 32e de reichr, ou 24e de thaler	1,982	368	0	16,21
	SICILE.				
Or.	Once, depuis 1748	4,399	906	13	73
Arg.	Ecu de 12 tarins	27,533	833⅓	5	10
	SUEDE.				
Or.	Ducat	3,482	976	11	70
	Demi	1,741	976	5	85
	Quart	0,8705	976	2	92,50
Arg.	Reichsthr d'espèce de 48 schell., de 1720 à 1802	29,508	878	5	75,73
	2 tiers de reichr, ou double plotte de 32 schell.	19,672	878	3	83,82
	Un tiers, ou 16 schellings	9,836	878	1	91,91
	VENISE.				
Or.	Sequin	3,484	1000	12	0
	Demi	1,742	1000	6	0
	Oselle	13,666	1000	47	07
	Ducat	2,175	1000	7	49
	Pistole	6,764	917	21	36
Arg.	Ducat effectif de 8 livres piccolis	22,777	826	4	18
	Ecu à la croix	31,788	948	6	70
	Justine ou ducaton	27,954	948	5	91
	Talaro	28,990	826	5	32
	Oselle	9,843	948	2	07

Nature	Dénomination des pièces.	Poids légal.	Tit. légal.	Valeurs.
	V E N I S E (suite).			
Arg.	Ducat cour. de 6⅓ de liv. pièc., 124 s. mon. de c^te	» »	»	3f 23c95
	Livre de 20 sous	» »	»	0 52,25
	ÉTATS-UNIS D'AMÉRIQUE.			
Or.	Double aigle de 10 dollars	17ᵍ480	917	55 21
	Aigle de 5 dollars	8,740	917	27 60,50
	Demi-aigle, ou 2½ dollars	4,370	917	13 80,25
Arg.	Dollar	27,000	903	5 42
	Demi	13,500	903	2 71
	Un quart	6,750	903	1 35,50
	J A P O N.			
	(Par approximation, et faute de renseignem. précis sur le poids et le titre légal des monn.)			
Or.	Kobang vieux de 100 mas	» »	»	51 24
	Demi —— de 50 mas	» »	»	25 62
	Kobang nouveau de 100 mas	» »	»	32 69
	Demi —— de 50 mas	» »	»	16 34,50
Arg.	Tigo-gin, ou pièce de 40 mas	» »	»	14 40
	Demi de 20 mas	» »	»	7 20
	Un quart de 10 mas	» »	»	3 60
	Un huitième de 5 mas	» »	»	1 80
	M O G O L. *(Par approximation.)*			
Or.	Roupie du Mogol	» »	»	38 72
	Demie	» »	»	19 36
	Un quart	» »	»	9 68
	Pagode au croissant	» »	»	9 46
	—— à l'étoile	» »	»	9 35
	Ducat de la Compagnie hollandaise	» »	»	11 62
	Demi	» »	»	5 81
Arg.	Roupie du Mogol	» »	»	2 42
	—— de Madras	» »	»	2 40
	—— d'Arcate	» »	»	2 36
	—— de Pondichéry	» »	»	2 42
	Double fanon des Indes	» »	»	0 63
	Fanon	» »	»	0 31,50
	Pièce de la Compagnie hollandaise	» »	»	2 40
	P E R S E. *(Par approximation.)*			
Or.	Roupie	» »	»	36 75
	Demie	» »	»	18 37,50
Arg.	Double roupie de 5 abassis	» »	»	4 90
	Roupie de 2½ abassis	» »	»	2 45
	Abassi	» »	»	0 97
	Mamoudi	» »	»	0 48,50
	Larin	» »	»	1 03
	T U R Q U I E.			
Or.	Sequin zermahboud d'Abdoul-Hame, 1774	2,642	958	8 72
	Nisfie, ou ½ zermahboud *idem*	1,321	958	4 36
	Roubbié, ou ¼ de sequin fondoukli	0,881	802	2 43,33
	Sequin zermahboud de Sélim III	2,642	802	7 30
	Demi	1,321	802	3 65
	Un quart	0,661	802	1 82,50
Arg.	L'allmichlec de 60 paras, depuis 1771	28,822	550	3 52
	Yaremlec de 20 paras, ou 60 aspres, 1757	» »	»	0 99
	Roubb de 10 paras, ou 30 aspres, 1757	» »	»	0 49,50
	Para de 3 aspres, 1773	» »	»	0 04
	Aspre, dont 120 pour la piastre de 1773	» »	»	0 01,33
	Piastre de 40 paras, ou 120 aspres, 1780	18,015	500	2 0
	Pièce de 5 piastres de Mahmoud, 1811	» »	»	4 13,67

TABLE DES PLACES.

lignes OA et OB qui correspondent aux deux extrémités du diamètre.

Les arcs qui aboutissent aux divisions impaires, étant égaux à $\frac{2\pi}{2m} = \frac{\pi}{m}$, $\frac{6\pi}{2m} = \frac{3\pi}{m}$ etc. on trouvera

$$\overline{OM^{I}}^{2} = x^{2} - 2ax\,cos.\,\frac{\pi}{m} + a^{2}$$

$$\overline{OM^{III}}^{2} = x^{2} - 2ax\,cos.\,\frac{5\pi}{m} + a^{2}$$

$$\overline{OM^{V}}^{2} = x^{2} - 2ax\,cos.\,\frac{5\pi}{m} + a^{2}$$

Mais dans le cas de m nombre impair

$$x^{m}+a^{m}=(x+a)(x^{2}-2axcos.\,\tfrac{\pi}{m}+a^{2})(x^{2}-2axcos.\,\tfrac{3\pi}{}+a^{2})etc.$$

substituant donc les valeurs et observant que $OB = x+a$, on aura

$$x^{m}+a^{m}=OB\times OM^{I}\times OM^{III}\times OM^{V}etc\times Om^{I}+Om^{III}\times Om^{V}\,etc$$

Dans le cas de m, nombre pair, les extrémités A et B du diamètre porteront des numéros pairs, en sorte que la ligne OB n'entrera plus en facteur.

D'où résulte encore cette propriété dans le cas de m nombre pair : *le produit de toutes les lignes menées du point O à toutes les divisions paires et impaires, en y comprenant celles qui aboutissent aux deux extrémités du diamètre, sera*

$$(x^{m} - 1)(x^{m} + 1) = x^{2m} - 1 = 0$$

Les équations de la forme

$$x^{2m} - 2p\,x^{m} + q = 0$$

peuvent être traitées comme celles qui ne renferment que deux termes : en résolvant la précédente à la manière du second degré, on en tire

$$x^{m} = p \pm \sqrt{p^{2} - q}.$$

Tant que p^{2} sera plus grand que q, les valeurs de x^{m} seront réelles, et les représentant par α et 6 on aura les deux équations

$$x^{m} - \alpha = 0$$
$$x^{m} - 6 = 0$$

$$PM = a \sin. MM$$
$$CP = a \cos. MM$$

'ailleurs représentant OC par x, on a

$$OP = x - CP = x - a \cos. MM$$

et $OM'^2 = x^2 - 2ax \cos. MM' + a^2 \cos.^2 MM' + a^2 \sin.^2$

$$= x^2 - 2ax \cos. MM' + a^2$$

Les valeurs de $\overline{OM''}^2$, $\overline{OM'''}^2$ etc. s'obtiendront en subst
dans celle qu'on a trouvée pour OM' les arcs AM'', A_
à l'arc AM'. Si on ne prend que les arcs qui réponde
numéros pairs et qu'on désigne toujours par π la der
conférence, on aura

$$AM'' = \frac{2\pi}{m} , \; AM^{\text{iv}} = \frac{4\pi}{m} , \; \text{etc.}$$

d'où

$$\overline{OM''}^2 = x^2 - 2ax \cos. \frac{2\pi}{m} + a^2$$

$$\overline{OM^{\text{iv}}}^2 = x^2 - 2ax \cos. \frac{4\pi}{m} + a^2$$

mais les lignes OM'' OM^{iv} etc. ont leurs corresp
Om'', Om^{iv} etc. placées de l'autre côté du diamètre,
sont respectivement égales, en sorte qu'on po'
$OM'' \times Om''$ aulieu de $\overline{OM''}^2$ etc. : on remarquera
temps que $OA = x - a$. Cela posé, on a vu
que les facteurs de l'équation

$$x^m - a^m = 0$$

m étant impair, sont

$$(x-a), \; (x^2 - 2ax \cos. \frac{2\pi}{m} + a^2), \; (x^2 - 2ax \cos. \frac{4\pi}{m}$$

ce qui donne

$$a^m - a^m = (x-a)(x^2 - 2ax \cos. \frac{2\pi}{m} + a^2)(\ldots^2 - 2ax c$$

$$\text{etc.}$$

$$= OA \times OM'' \times OM^{\text{iv}} + OM^{\text{vi}} \text{ etc.} Om'' \times Om'$$

Dans le cas de m, nombre pair, parmi tou
menées du point O aux numéros pairs, se t

Cet Ouvrage se trouve

A Lille,	chez	LELEUX.
Au Hâvre,	—	Mlles PATRY sœurs.
A Lyon,	—	PÉRISSE frères.
Marseille,	—	MASSWERT.
Nantes,	—	FOREST.
Bordeaux,	—	{ LA VALLE jeune et NEVEU. BEAUME.
Rouen,	—	{ FRÈRE. RENAULT.
Amsterdam,	—	VAN-CLEEF,
Londres,	—	TREUTTEL et WURTZ.
Madrid,	—	DENNÉ.
St.-Pétersbourg,	—	GRAFF.
Genève,	—	PASCHOUD.
Berlin,	—	SCHLESINGER.
Milan,	—	GIÉGLER.
Turin,	—	BOCCA.
Gênes,	—	YVES GRAVIER.
Vienne,	—	SCHALBASCHER.
Léipzig,	—	{ FLESCHER (Frédérik). GRIESHAMMER.
Berne,	—	JENNY.

DE L'IMPRIMERIE DE HUZARD-COURCIER.